"El Reto"

"El Reto"

*¿Cómo hacer negocios,
sin tener dinero?*

Javier Antonio Obregón Álvarez

Copyright © 2011 por Javier Antonio Obregón Álvarez.

Número de Control de la Biblioteca del Congreso: 2010940248
ISBN: Tapa Blanda 978-1-6176-4295-1
Libro Electrónico 978-1-6176-4294-4

Todos los derechos reservados. Ninguna parte de este libro puede ser reproducida o transmitida de cualquier forma o por cualquier medio, electrónico o mecánico, incluyendo fotocopia, grabación, o por cualquier sistema de almacenamiento y recuperación, sin permiso escrito del propietario del copyright.

Este Libro fue impreso en los Estados Unidos de América.

Para ordenar copias adicionales de este libro, contactar:
Palibrio
1-877-407-5847
www.Palibrio.com
ordenes@palibrio.com

Índice

TITULO		1
DEDICATORIA		7
PRESENTACION		9
PRÓLOGO		15
CAPITULO I	"Dando Forma a las Ideas"	19
CAPITULO II	"Casa"	33
CAPITULO III	"Vestido"	69
CAPITULO IV	"Sustento"	72
CAPITULO V	"Transporte"	87

DEDICATORIA

Este libro está dedicado con mucho respeto a todos los mexicanos creativos, industriosos y deseosos de tener éxito en la vida y que por diferentes motivos se quedaron sin empleo, sea la primera vez que quieran trabajar o que se quieran salir del empleo actual en donde prestan sus servicios.

Aquí se te ofrece toda una serie de conocimientos y experiencias que con seguridad sabrás aprovecharlas, para que dejes de tener ese sufrimiento que se siente por falta de una actividad que te sea bien remunerada, de acuerdo a los talentos y necesidades de cada quien.

Solamente los que hemos vivido una situación igual o parecida, podemos comprender más o menos lo que cada quien trae cargando en su costal, ya que la mayoría de la gente es fría al dolor humano, tengamos o no trabajo a los demás, como que no les importa el dolor ajeno; es por eso que al pensar a quién le dedicaba este libro, decidí dedicártelo a ti, y a cada una de las personas que se encuentren en esta misma situación.

Dicen que los amigos se conocen en la cárcel y en la cama, pero también sabemos, que los verdaderos amigos se pueden contar los dedos de la mano y recuerdo que mi padre decía: no hay mejor amigo, que un peso en la bolsa

Quiero pedirte mi querido lector, que cuando acabes de leer este libro, me cuentes entre tus amigos, pues me sentiría muy honrado, ya que sin tener el gusto de conocerte, he estado pensando en ti, desde que me surgió la idea de escribirlo, pues solamente un verdadero amigo piensa, quiere y desea que te vaya bien.

Mi mano ya quedó extendida, lo único que tienes que hacer para que tu mano apriete la mía, es llevar a cabo las indicaciones que aquí te doy, para lograr el éxito que mereces, pues yo como mexicano que soy, estoy haciendo mi parte, ahora sólo falta la tuya. .

Tu amigo: (El autor)

PRESENTACION

No le tengas miedo a la crisis

¿No tienes empleo? ¡ No te preocupes, ya no lo necesitarás!

¡Si! se pueden hacer negocios sin dinero

Descubrirás ¿Cómo salir de esta crisis?

-Importantes **ideas** que te auxiliarán a resolver tus problemas económicos.

-Aquí encontrarás consejos prácticos que te ayudarán a mantener dignamente a tu familia, construyendo además los cimientos de un futuro sólido, sin necesidad de que causes lástima a nadie, sino al contrario, tendrás el reconocimiento de aquellos incrédulos que lo dudaron.

Tal vez hayas leído muchos libros de auto ayuda, de autores extranjeros, pero estoy seguro que ninguno de ellos, te servirá en la práctica como éste, ya que otros proporcionan consejos que sirven para otros países y este libro está enfocado a ideas prácticas, lógicas, viables, factibles y realizables para México, con ejemplos probados de emprendedores que los han llevado a cabo con éxito y sin mucho esfuerzo, sólo poniéndole el ingrediente de confianza en sí mismos y las ganas de querer hacerlo, o sea la acción.

En varios libros, nos hemos cansado de leer "en teoría", ¿Cómo alcanzar el éxito? pero ninguno de ellos dice ¿cómo hacerlo?. En la práctica, aquí, mi querido lector descubrirás, el cómo, y después de que lo descubrás, estoy seguro que dirás ¡ha!, pues así, ¡sí¡; esto se parece un poco a la famosa anécdota del huevo de Colón, que nadie podía pararlo sobre una mesa y cuando Cristóbal Colón le dio un pequeño golpe, rompiendo un poco el cascaron enfrente de la concurrencia, el huevo se paró y todos exclamaron, ¡ha! pues así, ¡sí!.

Cuántas veces hemos escuchado decir a los pesimistas que no hay trabajo, y trabajo si hay, lo que pasa es que no sobemos hacerlo, buscarlo o dejamos pasar las oportunidades.

Otras dicen, tengo varias semanas o meses buscando un empleo y no lo encuentro; pero siempre que lo buscan, están pensando en emplearse, o lo que es lo mismo trabajar para otros y se conforman con un sueldo semanal, quincenal o mensual y ya con eso se quedan muy satisfechos y dicen ¡ya la hice!, si este es tu caso mi querido lector, este libro no es para tí, ya que de lo que se trata en él, es precisamente de lo contrario, de no volver a emplearte otra vez, trabajando para otros, de no alquilarse para ayudar a que otros se hagan ricos y que sepas explotar tus propias capacidades, cualidades y talen-tos en beneficio túyo y de tu familia.

Ya basta de buscar empleo y no encontrarlo, **Auto-empléate**, usando tus propias aptitudes, desarrollando tu capacidad, poniendo en práctica tu habilidad, aprovechando tus propios recursos y valiéndote de tu talento. No se requiere ser una persona súper dotada, o tener mucho dinero para poder lograrlo.Aqui, en este libro descubrirás cómo hacerlo con facilidad y sin tanto rollo.

Para sobrevivir en este sistema económico y en el torno retador en el que cada quien se desenvuelve, es indispensable implementar nuevas estrategias y prácticas de negocio, innovando e inventando maneras no sólo de sobrevivir, sino de hacer verdaderamente negocios.

Consejos *prácticos, actualizados, efectivos y reales* que te ayudarán a salir de la crisis.

¿Cuántas veces, hemos escuchado a los pesimistas, decir que no se pueden hacer negocios, si no se tiene dinero? ¡eso es mentira! en este libro lo vas a descubrir, sólo tienes que saber usar la cabeza y desarrollar las **ideas** aquí reveladas, o tus propias **ideas**, poniendo en práctica tus talentos y dedicándoles tiempo completo.

Este libro está basado en la extensa experiencia de negocios del autor y apoyado en estudios minuciosos de mercadotecnia, en cada uno de los ejemplos aquí suministrados.

Cuando se formaron los Estados Unidos de Norte América y Canadá las primeras personas que llegaron a colonizar esas tierras, fueron **inmigrantes** europeos, llegaron con sus esposas, padres, hijos y hasta con los abuelitos, pero todos llegaron con la idea muy clara de no emplearse o trabajar para otros, ya que en esa época no existía esa posibilidad, porque no había nadie, llegaron a abrir brecha, con la ambición y la ilusión de ser ellos mismos sus propios patrones; estas generaciones lo lograron, pues eran verdaderos emprendedores, gracias a su tenacidad, esfuerzo, dedicación y sobre todo a que nunca olvidaron, ni claudicaron su idea primordial, al salir de su país a **¡hacer dinero propio! y ya no volver a trabajar para nadie,** deseando siempre ser su propio patrón.

Muchos de ellos alcanzaron hacer fortunas incalculables, logradas gracias al trabajo en sus propias y grandes plantaciones. Con el tiempo, dominaron la agricultura, la exportación, cultivando Tabaco, arroz y algodón, otros incursionaron en la ganadería y en la piel, otros más en el comercio, etc.

Todos estos visionarios, soñadores y emprendedores fueron los que después, emplearon a otro tipo de personas que se conformaban con un salario. Todo eso se logró en los Estados Unidos de Norte América y Canadá, gracias a que sus pobladores se lo propusieron.

Cuando un país es próspero, no lo es por casualidad, sino porque lo forma gente disciplinada, trabajadora, creativa e inteligente y que todos ellos tenían algo en común, ser ambiciosos.

Todo lo contrario pasó en la mayoría de América Latina, pues ésta fue **invadida y/o conquistada** por españoles, que gran parte de ellos no llegaron a trabajar, sino a dar órdenes y a delinquir, sintiéndose dueños de las tierras que pisaban, esa fue la gran diferencia, es por eso que los países prósperos son aquellos que trabajan pues no existe otra manera de hacer riqueza, más que trabajando.

Recordemos que cuando la guerra civil española, llegaron a México una gran cantidad de **Españoles inmigrantes** que aquí, en México se refugiaron, que gracias al Presidente de la República, el General Lázaro Cárdenas quien les abrió las puertas del país, recibimos gente trabajadora que no llegaron a rascarse la barriga, y a ver si les caía el pan del cielo, o los plátanos pelados y en la boca, ¡nó¡ llegaron a trabajar y muy duro, se auto emplearon desarrollando sus propios talentos y cualidades, poniendo en práctica sus conocimientos e ideas; unos fabricando pan en donde pudieron, otros comercializando textiles, otros fabricando insecticidas en terrenos baldíos, con techos de cartón,(así empezó la hoy empresa llamada Productos H,24 propiedad del emprendedor Lic. Luís Cano Vásquez (q.p.d.e).

Otros más empezaron con una tiendita miscelánea, y todos hemos sido testigos, de que estos hombres emprendedores inmigrantes, con el tiempo convirtieron sus pequeñas actividades en prósperos y grandiosos negocios, y así nacieron grandes molinos de trigo, cadenas de panaderías, fábricas de telas, espaciosos almacenes de ropa, e impre-sionantes tiendas de auto Servicio.

Nada de lo anterior se habría podido lograr, si no hubieran existido hombres como ellos, que no buscaron ser empleados, siempre sus ideas iban encaminadas a ser patrones y llegar a tener cuantiosas fortunas; al principio muchos de ellos a veces no tenían ni para comer, algunos dormían en el piso de su mismo negocio, para no gastar dinero en un cuarto donde pasar la noche, otros se privaban de comprarse ropa, algún antojo o gastar en diversiones.

Afortunadamente, México es un país en donde se pueden desarrollar las potencialidades que cada quien tenga en este país sólo se muere de hambre el que no quiere desarrollar sus talentos, el que no hace ningún esfuerzo por conseguir sus objetivos, el que no se marca metas a corto, mediano y largo plazo, el que siempre dice que no se puede.

- Aquí progresa en primer lugar, el que tiene ambiciones para desarrollar una **idea** factible de negocio, que elabore planes de trabajo, se marque objetivos diarios, metas semanales, mensuales, semestrales y anuales, respetando siempre la **idea** original que dio inicio a su actividad, ahorrando los recursos económicos, que se obtengan después de todos los gastos, impuestos y salarios que tenga el negocio, con el objeto de hacer un capital y ponerlo a crecer.
- El que se levanta temprano y deja lo rico o calientito de la cama, para hacer todo el trabajo que tiene que hacer.
- El que trabaja al principio 12, o 14 horas diarias, sin importarle el tiempo trascurrido, sino el tiempo que le queda para realizar bien sus objetivos.
- Al que no le da vergüenza trabajar en lo que sea, y que deja los prejuicios, complejos y el ¿Qué dirán? para otros.
- El que le da curso y sigue al pie de la letra a sus **ideas**, hasta verlas realizadas.
- El que tiene ganas de hacer y ser alguien en la vida.

- Al que le gustaría que lo pongan de ejemplo por su esfuerzo.
- El que es ambicioso y tiene ganas de tener "éxito"

Este libro le será útil a todos aquellos emprendedores que quieren tener su propio negocio, pero que no saben cómo hacerle, ni por dónde empezar y cuando se deciden, se enfrentan a la triste realidad, de que no tienen dinero, para poder realizarlo.

Esto pasa principalmente, a las personas que no ponen los pies en la tierra y que quieren correr antes de caminar, no es necesario tener dinero para establecer un negocio propio, lo que pasa, es que muchas veces se quiere tener algo, que para esa persona es inalcanzable, pues lo que ocurre es que de tantos obstáculos que se le presentan, se desespera y mejor decide por desertar y vuelve otra vez a tratar de emplearse, creyendo que es mucho más fácil seguir siendo empleado, en donde los problemas de empresario sean de otros, pero que no se da cuenta, es qué también las buenas utilidades van a seguir siendo de otros y él seguirá cobrando un salario bajo, con el cual apenas le alcanzará para medio vivir.

Lo mejor es que hagas un inventario serio de tu persona, analizando tus potencialidades, tanto económicas, como de tu personalidad; si tienes o no, facilidad de palabra, buena presentación, miedo a no tener temores, a que algo te salga mal, dudas de las bondades del negocio que quieras realizar, desconfianza de tus ideas, tu temple y tu temperamento. Emprender algo preguntándote ¿qué tanto conozco de eso, en lo que me quiero meter?

Todo esto, es con el objeto de que te conozcas y sepas de una vez por todas, ¿Con qué cuentas?, ¿Quién eres?, ¿De qué eres capaz?, ¿de cuánto dispones?, ¿En dónde lo realizarás?, ¿Con quién lo harás?, ¿De qué estas hecho?, y una vez que lo descubras, podrás escoger, entre todo el abanico de posibilidades de negocio que aquí se te dan, ya que de otra manera, podrías caer en la tentación de emprender la aventura de un negocio que, tal vez no sea para ti, por no ser compatible a tu personalidad, a menos que te quites esos estorbos de la mente y lo intentes, dominando tus emociones y poniendo siempre tu mente, en un solo objetivo "si puedo" y voy a tener "éxito". Después, de que honestamente te hayas contestado estas preguntas, estarás listo para definir, en cuál de todos los ejemplos de negocio que aquí se mencionan, te sentirías mejor, como para desarrollar tus potencialidades, ya que no todos servimos para todo, tal vez el medio de los alimentos sea lo tuyo, o te sientas más a gusto en el mantenimiento de inmuebles, o tal vez en el medio de la ropa, o te guste más el contacto con el auto transporte o sepas componer computadoras, etc.

El tema anterior es importante, ya que no todos los negocios, por muy buenos que sean, puedan ser para ti, es por eso que deberás hacer una buena selección y escoger el que mejor vaya con tu manera de ser y en el que tengas más aptitudes.

En caso que creas que no sirves para ninguno de ellos, es porque te estás juzgando muy duramente, ya que no es posible que ninguna actividad encaje con tu personalidad; en este caso, lo que te sugiero, es que te vayas por la que mejor te lata, pues trabajando con ganas, cualquier negocio tendrá que crecer, pues existen muchos casos de gente, que no creía que servía para algo y después se llevó la gran sorpresa, al llegar a ser uno de los mejores en su ramo, pues había crecido de una manera extraordinaria.

¿Por qué buscas un nuevo empleo? en vez de pensar en hacer tu propio negocio.

Si no tienes empleo, respira hondo y profundo y quédate tranquilo, sólo reflexiona en que sí existen, innumerables alternativas para desarrollarte.

¿A qué te gustaría dedicarte? ¿No crees, que es el momento oportuno de quemar tus naves, y de no necesitar de vejigas para nadar sólo?

Debes de ver, el lado bueno de las cosas y notarás, que el no tener empleo, sea una buena oportunidad, para que te enfoques en independizarte y en lo que más te guste.

Evita en lo posible quejarte de la situación, lo más importante es comenzar a construir tu futuro desde ahora.

Concéntrate en la búsqueda de tu propio negocio, aquí tienes algunas opciones concretas. Hazlo con tranquilidad y con mucha dedicación,; visualízalo en tu mente, deséalo de corazón, con todas tus fuerzas, pues todo lo que se anhela de esa manara, es más fácil de conseguirlo.

PRÓLOGO

Cuando mi suegro, Don Javier Obregón me solicitó prologar su libro "El Reto" en un principio me sentí honrado y dejando de lado la modestia, orgulloso. Más tarde, al pensar en el compromiso que implica poner en su justa dimensión a una persona como él, cuya grandeza radica en su sencillez y gran corazón, me sentí abrumado

Este texto previo pretende testificar la valía del autor de forma tal, que los lectores se sientan enganchados y se den cuenta de que con "el Reto" tienen entre sus manos una valiosa herramienta para salir adelante de situaciones de crisis económica como la que vivimos y para ser mejores personas.

El autor de este libro es un luchador por naturaleza, que como a muchos de nosotros las cosas no siempre se la han dado de forma fácil, sin embargo supo aprovechar las oportunidades que se le ofrecieron para llegar a ser una persona exitosa en diferentes ámbitos como el profesional, el amoroso y el social

Comúnmente creemos que las oportunidades "aparecen" o nos "caen" pero el autor ha demostrado a lo largo de su vida que éstas en realidad se van creando con trabajo y claridad en la metas; en su caso, hijo de un gran vendedor supo tomar el ejemplo de trabajo y disciplina de su padre y de su madre que además de las labores del hogar vendía gelatinas para pagarle su educación en el colegio Franco Ingles, el esfuerzo, entrega y consistencia requeridos para lograr el objetivo.

Licenciado en Publicidad por la Asociación Nacional de la Publicidad (ANP), el Lic. Javier Antonio Obregón Alvarez ha transitado de forma exitosa por diferentes trabajos desde hace más de 40 años:

Inició como vendedor de la empresa Productos H.24, Posteriormente, puso un negocio de pan a domicilio, fue Gerente de Ventas de Kohler de México, S.A de C.V. constituyó una extensa red de distribuidores en todo lo ancho y largo del país, fabricó ropa y realizó la venta de miles de prendas que tenía Ayotla textil en bodega, vendió telas, trabajó en la empresa Volvo Penta de México, S.A introduciendo en las costas mexicanas motores marinos fuera de borda para las embarcaciones de pescadores, en Fester de México, S.A. fue el primero en introducir al mercado nacional, los sistemas de impermeabilización prefabricados y desde hace 25 años formo impermeabilizaciones Confiables, S.A de C.V. **empresa que inició sin dinero**, y que atiende personalmente hasta la fecha.

Así mismo durante 17 años formó parte activa del grupo de encuen-tros conyugales contribuyendo a fortalecer matrimonios dentro del marco de la iglesia católica y en lo social ha sido presidente del Club Rotary Internacional de Ciudad Satélite, generando obras de gran impacto en el municipio de Naucalpan como donación de prótesis y formación y conservación de consultorios veterinarios para animales en condición de calle y abandono.

Por último y no menos importante, el Lic. Obregón ostenta un éxito más raro y pocas veces compatible con el éxito profesional. Lleva más de 46 años de casado con una gran mujer, Doña Lupita Zubiría, quien ha contribuido y respaldado cada una de sus iniciativas.Ellos juntos, con amor y respeto, han formado una familia muy hermosa. Fruto de esta relación tuvieron a Adriana y Verónica, sus dos hijas.

En mi caso, primero como satélite atrapado en el campo de gravedad de Verónica y después como su esposo he podido constatar desde hace 25 años todo lo que aquí les pongo.

Cuando Don Javier me dijo que quería escribir este libro, lo tomé con el escepticismo obligado de todo yerno; pero debo reconocerlo mi suegro es incansable, es tenaz e hiperactivo a sus 70 años y una vez más me demuestra (nos demuestra) que no hay reto imposible.

Dicho todo esto, dejo a los lectores en sus manos una herramienta invaluable, escrita por una persona que (he podido comprobar) siempre busca ayudar a los demás, por lo que estoy seguro que aquí encontrarán los elementos necesarios para hacer negocios en estos tiempos de crisis sin tener que depender de grandes inversiones.

Lic. Uriel Aréchiga
Consultor en formación y desarrollo humano e-learning.

CAPITULO I

❖ *"Dando forma a las ideas"*

Negocio sin socios, sin capital y sin préstamos para iniciarlo.

Este tipo de **idea**s de negocio, son sólo para aquellas personas que lo quieran intentar y que les guste la acción, teniendo fe y confianza en ellos mismos, con la seguridad de que sí lo pueden lograr y tener éxito, en la inteligencia que otros ya lo han experimentado con sorprendentes resultados, que ni ellos no lo podían creer.

En una ocasión, me invitaron como Rotario, a dar una conferencia sobre este tema a los padres de familia de una escuela primaria del municipio de Naucalpan, Estado de México, en donde gran parte de estos señores estaban sin empleo, por eso el grupo fue muy concurrido, pues sabían que iban a escuchar algo nuevo, que les podría ayudar y abrir un nuevo camino, para salir de la crisis económica en la que se encontraban.

Se les preguntó ¿Cuáles son las necesidades fundamentales, esenciales y primordiales del ser humano?, después de escuchar varias opiniones y reflexiones al respecto, llegaron a la conclusión de que esas necesidades que tenemos todos para poder vivir son: **casa, vestido y sustento** (la comida) y yo agregaría también el **transporte** (los vehículos), o sea de todo aquello de lo que ya no puede prescindir ninguna persona en esta vida.

Por lo tanto, todo aquello que se relacione con estas 4 necesidades, inherentes e indispensables para la vida del hombre, será forzosamente negocio, ya que nadie puede vivir sin ellas.

CASA: (Inmuebles)

Todos tenemos que tener un lugar en donde vivir, que nos proteja de las inclemencias del tiempo, llámese departamento, casa, edificio, vivienda, ya sea desde la más modesta, hasta la residencia más elegante, y coincidieron también en que se deben de conservar en buen estado, ya que por lo general se trata del patrimonio familiar, que se logra a través de muchos años.

VESTIDO: (Ropa)

La ropa es un bien necesario e imprescindible, para proteger nuestro cuerpo y además hace sentirse bien al que la usa, sobre todo si está a la moda. En este tema hay un sin fin de prendas, tamaños y colores para todos los gustos, los hay para bebés, ropa para niños y niñas, para damas y caballeros, prendas como: chamarras, pantalones, pijamas, chalecos, abrigos, fondos, vestidos, ropa interior, etc.

SUSTENTO: (Alimentos)

La comida es una necesidad del cuerpo humano para poder subsistir, los alimentos deben estar bien balanceados para tener buena salud, pero hay que saber comer lo que nuestro cuerpo necesita, además comer es un placer y es una parte muy importante de la vida, pues hay que saber ¿En dónde comer? y gozar los alimentos, que tanto trabajo cuesta ganarlos.

Existen una gran variedad de tipos de comida para todos los gustos, paladares exigentes y precios.

México es el único país en el mundo, en se puede encontrar todo tipo de comida, de casi todas las nacionalidades, hay comida China, Francesa, Italiana, Americana, Tailandesa, Alemana, Japonesa y de la mexicana lo que se quiera, y a la hora que sea.

TRANSPORTE: (Vehículos)

En México, el automóvil es un bien necesario, ya no es un lujo, en los últimos 10 años se ha multiplicado en todas las ciudades de la república, aquí existen casi todas las marcas, tamaños y modalidades que hay en el mundo.

Estuvieron todos los padres de familia de acuerdo, en que estas cuatro necesidades son imprescindibles y necesarias en la vida de todo ser humano, en cualquier parte del mundo.

Se les hizo ver que dedicarse como negocio a cualquiera de ellas, **forzosamente** tiene que ser bueno, pues la demanda ya existe y existirá siempre; por lo tanto, los clientes ahí están, sólo hay que ir por ellos y ofrecerles, tal vez, algo más atractivo, mejorándoles el precio y/o dándoles mejor servicio. (Para qué inventar el hilo negro, si ya está inventado, ¿No crees?).

Todas estas ramas de negocio aquí mencionados, están debidamente probadas de que lo son, ya que las personas que se han iniciado en años recientes, están actualmente en una posición económica muy diferente a la que cuando empezaron.

El Sr. Carlos Gómez Luna, vivía en la ciudad de México y antes de esta crisis perdió su empleo, trabajaba en una fábrica que produce materiales para la construcción de exportación y sus principales clientes están es los Estados Unidos.

Me platicó que no podía encontrar empleo y mucho menos como el que tenia, fue entones cuando le aconsejé que ya no buscara y mejor tratara de auto emplearse, lo invité a comer y le expuse los planes de negocio que aquí, en este libro, se mencionan.

En virtud de que ya teníamos tiempo de conocernos, escogí el negocio del **mantenimiento a la vivienda**, a sabiendas que le iba a interesar, pues él tenía conocimientos en este ramo, por el puesto que tenia y acababa de dejar, esto lo hice para ver si efectivamente, el libro que yo tenía en mente realizar, convenciera a los lectores que lo fueran a leer, es decir que las **ideas** del libro las puse antes en práctica con varias personas conocidas, logrando interesarlas para que las llevaran a cabo, tal y como el Señor Carlos Gómez Luna lo hizo.

En el momento en que comprendió la idea, se dio cuenta de que era factible realizarla y que realmente era buen negocio, que además no tenía nada que perder, ya que no invertiría dinero para iniciarlo, fue cuando empezó a tomarlo, con la seriedad que esto requiere; entramos en materia y explicándole más a fondo, dándole cifras, especificaciones técnicas de los materiales, así como rendimientos, precios y cómo hacer para la selección de trabajadores, que realizarían la mano de obra.

Este tema de los trabajadores es de suma importancia, ya que ellos serán los que hagan realmente los trabajos que tú contrates, es por eso, que estas personas deben de ser lo más calificadas posible en el oficio que desarrollen, con él objeto de que realicen bien los trabajos y terminen en el tiempo acordado con el cliente, para que tú no tengas reclamaciones, ni dolores de cabeza por culpa de ellos.

El sueldo no motiva a la gente, si tú le preguntas a cualquier trabajador ¿Si está conforme con su sueldo? siempre te dirán que no; lo que motiva a la gente es el sueldo moral, o sea palabras de felicitación por su labor desarrollada o sea el trato humano.

Además, deben de ser trabajadores moralmente calificados, ya que ellos son los que estarán en las casas particulares o en fábricas que a tí te contraten y solo tú serás el responsable de lo que ellos hagan para bien o para mal, es por eso que antes de contratar a nadie, les tienes que hacer una investigación, ideando un pequeño cuestionario, preguntándoles ¿Dónde han trabajado? ¿Cuánto ganaban? ¿Con quién han trabajado? Por qué se salieron de sus empleos anteriores? ¿Dónde viven? ¿Quién les ha prestado dinero? ¿Qué saben hacer?

Todos estos trabajadores se pueden conseguir, visitando algunas obras que estén en construcción, preguntado si tienen gente desocupada, dependiendo la actividad que se requiera, tal vez busques pintores, yeseros, azulejeros, impermeabilizadores, etc.

A veces es mejor buscar gente que ya haya trabajando en el tipo de actividad que se busca, ya que se te facilitara mucho más al inicio de las actividades, pues ya será mínima la capacitación que se le dé.

Antes de hacer tratos con ellos, tienes que estar seguros de su honestidad, honorabilidad, rectitud, puntualidad y decirles desde el principio, que estarán a prueba durante 30 días y que serán nueve los motivos de despido:

1. Por faltar a su trabajo
2. Por ser improductivos
3. Por llegar tarde
4. Por robo
5. Por traer aliento alcohólico al trabajo.
6. Por faltarle al respeto al cliente.
7. Por decir mentiras

8. Por chismosos
9. Por conflictivos

Una vez que ya empiece tu negocio a trabajar, es cuando comenzarás realmente a conocer a la gente, en ese momento ya podrás hacer una selección, hasta quedarte con los mejores hombres que se ganaron tu confianza; a esos hay que procurar ya no dejarlos ir, o en su defecto, tenerlos muy bien pagados y localizados.

A veces al inicio de cualquier negocio, hay ocasiones que el dinero que se cobró durante la semana, no fue suficiente para cubrir los gastos, entonces lo que tienes que hacer primero que nada es pagarle a la gente, ya que como bien sabemos ellos cumplieron con su trabajo y sólo de eso viven, y si sobra dinero tú podrás cobrar; por lo tanto, hay que prever esa situación desde el principio de la semana, tratando de hacer más y mejores negocios para que todos puedan cobrar, sobre todo tú que eres el patrón y debes de tener solucionado el problema económico.

Si lo haces al revés, y te acostumbras a cobrar primero que tus trabajadores ¡cuidado! pues además de que te puedes meter en serios problemas laborales, perderás a tus mejores hombres que son los que te ayudarán a crecer el negocio, de otra manera todo se puede ir a pique.

Todos estos concejos que le di a mi amigo, los puso en práctica, de repente me llamaba por teléfono para platicarme sus avances y hacerme preguntas de algunas dudas que tenia.

Dejé de verlo y también dejé de llamarle por algún tiempo y un buen día, después de dos años me lo encontré, se bajaba de una camioneta Pick Up nueva marca Ford, del año, versión Lobo, me comentó que de esas ya tenía 2 y un coche Honda también nuevo, me platicó que ya tenía su propia oficina, la había negociado con el dueño del condominio, y se la pagó con trabajos que le realizo en otros inmuebles, además ya había salido en dos ocasiones de vacaciones.

El vivía en la ciudad de México en la Colonia San Pedro de los Pinos; empezó por anunciarse en el periódico, poniendo el teléfono de su casa como referencia, para empezar a recibir llamadas.

Su principal actividad la enfocó al mantenimiento de inmuebles, lo que es pintura, yeso, tablaroca, impermeabilización y pequeñas remodelaciones.

Me comentó que a sus primeros clientes los atendió sin tener ninguna clase de vehículo disponible para poderles dar el servicio, pero él se las ingenió trasportándose en camión, llevando consigo su cinta métrica, un flexómetro y la papelería impresa con su membrete, domicilio y teléfono, (realizados en computadora de un café Internet) para darle mejor presentación a su presupuesto, llegar al domicilio, sacar sus medidas y después de convencer a su cliente **le pedía el 60% de anticipo**, una vez que ya lo obtenía, extendía el recibo, con ese dinero compraba los materiales, los transportaba en un taxi y también le alcanzaba para pagar el destajo de la mano de obra, a los trabajadores que conseguía.

Después de terminar los trabajos a la entera satisfacción del cliente, cobraba el otro 40% restante incluyendo el I.V.A y entregaba la factura correspondiente, con el R.F.C que le asignó la Secretaria de Hacienda y Crédito Público cuando dió de alta su negocio, y un contador ya le maneja su contabilidad y también ya estaba cumpliendo con sus obligaciones fiscales.

Sus primeras utilidades las empezó a ahorrar y pudo comprar su primer camioneta usada, de redilas marca Nissan, siguió trabajando, pero ahora con más rapidez y facilidad, lo que provocó que en poco tiempo le subiera el trabajo, sobre todo por recomendaciones de sus propios clientes, al grado que me dijo que gracias a las ideas que le dí, ahora ya gana mucho más de lo que ganaba cuando era empleado y me dijo, si yo hubiera sabido esto antes, me habría evitado muchos sufrimientos económicos, pero ahora, sé que estoy en el camino correcto, ya pagué mis deudas, incluyendo las tarjetas de crédito y además los proveedores ya me dan 30 días de plazo y tengo un negocio propio que me está dejando muchas satisfacciones.

Lo que si noté en su cara fue una expresión muy diferente a la que él tenía la última vez que lo vi, ya había desaparecido esa tristeza, también las muecas de desesperación y melancolía; ahora la actitud y la cara del Sr. Carlos Gómez eran de un hombre alegre, lleno de vitalidad, haciendo citas con sus clientes por teléfono celular, lleno de fortaleza, alegría y con muchos planes por realizar.

> ➢ Anuncios para darse a conocer

Lo primero, es darse a conocer en el periódico de la localidad, o sea, en el área de influencia en que se quiera trabajar, esto es muy recomendable para evitar las distancias, sin tener que cruzar toda la ciudad para hacer un trabajo, sobre todo al principio si se carece de vehículo.

Al inicio del negocio, los anuncios deben de ser de preferencia pequuños, para bajar gastos, indicando en ellos los servicios que se proporcionen, que sean claros, cortos y llamativos, tratando siempre, de dar algo diferente a lo que ofrecen los demás competidores, por ejemplo:

Mantenimiento y Servicio Integral de Limpieza Profesional
Oficinas, Empresas, C. Comerciales,
Cuidamos la seguridad de sus clientes y sus empleados. Ofrecemos contrato eventual o anual.
Personal calificado de confianza
6030-40-36
Ing. Jesús Cárdenas Blanco
jcardenazblanco@yahoo.com

PINTURA
Pintamos casas, edificios, fábricas, pisos, escuelas, tenemos personal capacitado para pintar fachadas en alturas riesgosas.
Presupuestos Gratis, sin compromiso
Maestro Pintor Salvador Martínez
Tel. 56-27-89-14

Limpieza Empresarial
Déjenos a nosotros los problemas laborales, le ofrecemos la limpieza general de su Negocio o Inmueble.

- *Escuelas*   *Hospitales
- *Edificios*   * Guarderías
- *Bancos*   *Condominios
- *Embajadas*   * Casas

5486-33-60   5014-30-10
Colima No. 76, Col. Roma C.P 06760
LimpiezaIndustrial@yahoo.com.mx

MANTENIMIENTO EN GENERAL
Pintura, impermeabilizaciones,
Escuelas, fábricas, aluminio y
Herrería, albañilería en general,
Plomería, electricidad.
Maestro Roberto Hernández Rodríguez
Calz. del hueso # 36 Tel 53-48-26-90

No compre ropa hecha en china,
México tiene mejor calidad y no
está contaminada. Tenemos ropa en
general, pedidos de mayoreo, pida
nuestro catalogo, Tel. 33-68-48-39
Sra. Carmen Avilés Rodríguez

Camacho Servicio de Banquetes
Menú de alta cocina, también servimos Parrilladas, Canapés, Cazuelas de taquizas, Tamales; para 1ª Comunión, XV Años, Bodas, Bodas de Oro, Etc para cualquier tipo de eventos. Nos adaptamos a su presupuesto, sus invitados quedaran encantados con la comida. **Sra. Camacho Tel. 96-14-33-27**
50% de anticipo y el resto al entregar los alimentos

Mayoreo de Ropa de Mezclilla en general.
Chamarras, Pantalones, Chalecos, Camisas
Precio de mayoreo, surtimos a toda la
república: Pedidos al **Tel. 54-60-30-40**
Sr. Alberto Orozco Hernández

Limpieza de fábricas, ya no haga corajes, le resolvemos el servicio de limpieza en su empresa todo el año, personal de confianza, todo incluido utensilios y mano de obra.
Srita. Carmen Chapleuski Rouselon
Tel. 49.50.30.12

VULCANIZADORA
Llantas nuevas, Parches de tapón y vulcanizados, Servicio a domicilio hasta las 12:00 horas
Tel. 57-40-33-14

TINACOS Y CISTERNAS
Lavamos y desinfectamos,
Serví Rápido
Tel. 37-28-22-11

Boutique Automotriz
Verificaciones, lavado de carrocería, vestiduras, pulido y encerado
Servicio a domicilio Sr. Camacho
Tel. 48.20.00.12

Servicio de Limpieza Industrial
Ofrecemos contrato, de la limpieza general de sus instalaciones, contamos con personal de confianza, incluye artículos de limpieza y químicos desinfectantes y desmanchadores.
Atn. Arq. Patricia Escobedo Alanis
Tel- 53-14-53-14-33

ALBAÑILERIA REPARACIONES
Loseta.Azulejo.Pasta. Yeso. Tirol.
Impermeabilización. Plomería,
Electricidad Sr. Castro Cel.5510375694

```
┌─────────────────────────────────┐
│   Vestidos finos para dama      │
│   Abonos fáciles, llámenos nosotros le │
│   Llevamos el muestrario a su casa sin │
│   Compromiso Srita. Alicia Alvarez │
│         Tel. 44-22-55-99-       │
└─────────────────────────────────┘
```

Banquetes
"YANET"
Ofrecemos: comida Gourmet 3 tiempos
$ 100.00 por persona
Barbacoa, carnitas, pollo en barbacoa y mucho más...
Tels 33-58-30-27
Con 60% Anticipo, 40% contra entrega

SERVICIO ESPECIALIZADO
Electricidad en general
SERVICIOS URGENTES LAS 24
Cortos Circuitos, bombas para agua, Sistemas automáticos. Servicio Express. Presupuesto gratis.

58-39-40-26 NEXTEL 4693-3693

Los anuncios deben contener la fórmula ***A-I-D-A*** para que tengan éxito.

Esta fórmula quiere decir lo siguiente:

- A. = ATENCION (que llame la atención para que el cliente lo distinga de los demás)
- I. = INTERES (que el texto despierte interés al cliente, para que te llame)
- D. = DESEO (que lo que diga, pueda crear el deseo de readquirir sus servicios)
- A. = ACCIÓN (logrando todo lo anterior, el cliente tomará la **acción** de llamarte)

Cuando el cliente te llame por tu anuncio, en ese momento ya tienes un 50% del camino andado para cerrar la venta, pues eso quiere decir.

Primero: que requiere del servicio.

Segundo: que te contratará siempre y cuando sepas convencerlo, de que tu trabajo es profesional, además que le mejorarás cualquier presupuesto que tenga, siempre y cuando sean por los mismos conceptos y productos, es decir, siempre y cuando compare peras con peras y naranjas con naranjas.

Tercero: aprovechar al máximo el contacto personal con el cliente para cerrar la venta, pues de lo contrario atrás de ti podrá venir alguien que sí lo supo convencer y te ganará la operación.

En el momento en que el cliente este convencido de tu ofrecimiento, entonces, el siguiente paso será, extenderte un cheque o te pague en efectivo el anticipo, o tal vez, quiera hacerlo con tarjeta de crédito. De estos clientes son pocos, (3%) los que quieren hacer la operación con tarjeta de crédito, ya que los intereses de los bancos son muy altos, no les recomiendo tener al principio la terminal de punto de venta que alquilan los bancos, ya que pasan varios meses sin que te soliciten este servicio, pero tú si tendrás que estar pagándole al banco la cuota fija de $500.00 pesos mensuales por la terminal, la uses o no la uses. Para cualquiera de las formas que el cliente te quiera pagar, tu ya debes de ir preparado con un recibo, en donde anotes la cantidad entregada con número y con letra; en ese momento, hay que indicarle al cliente la fecha de inicio y terminación de los trabajos, así como la forma de coordinar con él, sobre todo si la casa está ocupada, esto es para quedar de acuerdo en los tiempos y movimientos de los dueños. (Esto aplica en el caso de bienes inmuebles).

Estos son algunos de los tantos ejemplos de negocio de servicios, que se pueden realizar, sin necesidad de tener dinero propio para empezar, **pues recuerda que siempre trabajarás con el dinero del cliente y no con el tuyo.** (Esto es el objetivo principal de este libro).

Sabemos que en cualquier actividad, se tienen que realizar gastos para poder operar, ¡**sí**! **pero, no hacerlos con tu dinero, sino con el dinero de otros, ese es el verdadero éxito de el autoempleo.**

Yo diría que la formula es la siguiente:

Anunciarte.

Entrevistarte para hacer el presupuesto.

Presentar tu propuesta.

Solicitar el dinero del anticipo, 60% del valor total el presupuesto.

Realizar los trabajos encomendados.

Entregar el trabajo a la entera satisfacción de tu cliente.

Cobrar el 40% restante del valor del presupuesto.

Toda actividad comercial, que le sea útil a la comunidad y que cumpla con sus obligaciones fiscales, como cualquiera de las aquí mencionadas, siempre serán bienvenidas en una sociedad como la nuestra.

Lo importante, es que tengas ambiciones, que elijas un oficio que te guste, o cualquier actividad que domines, que sepas hacerla bien, o de que quieras aprenderla, asistiendo a cursos de capacitación gratuitos que proporcionan constantemente las fabricas, de materiales para la construcción, tales como: pintura, materiales eléctricos, plomería, de productos químicos para la construcción. Estas empresas pueden ser: Comex, Imperquimia S.A de C.V., Protección Anticorrosiva de Cuautitlan S.A. de C.V (PASA), Henkel la fábrica de Impermeabilizantes Fester, etc. que imparten periódicamente cursos técnicos a sus distribuidores y/o aplicadores.

Entendamos, que a todas estas fábricas les interesa que la gente conozca sus productos y los sepan aplicar, pues a ellas les conviene que entre más personas sepan aplicar sus materiales, más ventas van a tener; por lo tanto, más negocio para todos los involucrados en la cadena.

Este libro debe de leerse con interés, para que le saques el mayor provecho posible, empezarás a descubrir ¿Cómo hacer negocios, sin tener dinero?

Profundiza en la lectura, examina cada párrafo con toda tranquilidad, si no te queda claro, algo que ya leíste repítelo, escudríñalo, analiza lo que aquí se dice y constatarás de que todo es factible, y muy fácil de realizar, sólo tienes que ir descubriendo ¿Cómo hacer negocios, sin tener dinero?

Existen personas que tienen dinero, pero no saben qué hacer con él para incrementarlo; esto ocurre principalmente, en la gente que recibió una herencia, de alguien que sí trabajó para lograr acumular esa fortuna, pero en cambio, la que lo hereda, muchas veces no tiene ni idea de lo que son los negocios y lo único que hace son malas inversiones, o se lo gasta hasta que se lo acaba, pues recuerden que, ***bolsa saca***, es a la larga, o a la corta, ***bolsa seca***.

Estas personas, al no tener idea de qué hacer con él, mejor se van a lo seguro y tal vez lo tienen en el banco, en donde les de muy poca utilidad, pero hacer dinero, sin tenerlo, sólo lo hace aquél que puso en juego sus habilidades, toda su audacia, dedicación, aprovechando sus capacidades, usando sus talentos, sin desfallecer y dedicándose de tiempo completo a su proyecto, hasta lograr el éxito.

CAPITULO II

❖ *"Casa"*

Alrededor de esta necesidad que tiene todo ser humano de poseer un techo en donde vivir, existen una serie de actividades relacionadas con la vivienda, pues nada más hay que ver la gran cantidad de materiales que se ocupan para la construcción de los inmuebles en nuestro país y podremos detectar, cuál de ellas se nos facilitaría más para hacer negocio.

Esto va en función de lo que te guste y de las habilidades que cada quien tenga, tal vez, tú eres muy hábil para colocar vidrios, o para instalar pisos, o ventanas de aluminio, pintura, colocar puertas, plomería, alfombras, pisos laminados, componer computadoras, aparatos eléctricos etc.

Aquí se te explica, cómo una de estas actividades se va a convertir en **negocio** y como es, que sí se puede realizar, sin necesidad de tener qué desembolsar tú dinero para poder hacerlo.

➢ *Pintura:*

Esta actividad, como negocio es muy noble y si alguien lo duda, sólo basta, con conocer un poco, la historia de la marca Comex, para darnos cuenta que realmente, en poco tiempo han creado un verdadero emporio, que esta empresa ha realizado, del negocio de la pintura, no solamente en la república mexicana, sino ahora, ya con presencia en los Estados Unidos y en América latina, se dice que tienen en el país más de tres mil puntos de venta, eso se dice fácil, pero veamos que hay detrás de este emporio, ¿saben cómo lo han hecho?, ¿saben quién, los ha ayudado a prosperar, *"los pintores"*

¡**claro!** ellos son el motor de la Comex, pues sin ellos, no serían lo que actualmente es.

Pero también miles de estos pintores, se han beneficiado, pues les ha permitido vivir bien durante muchos años de esta actividad.

¿Cómo se puede dedicar uno a este negocio? aquí lo vas a descubrir.

Primero: hay que anunciarse en el periódico de la localidad, (siguiendo las anteriores Indicaciones) para que los clientes sepan que tú existes.

Segundo: atender todas las llamadas, que soliciten el servicio y hacer el presupuesto gratis, sin compromiso para quien llamó.

Tercero: Medir todos los muros exteriores que se van a pintar, apuntando los largos por los anchos, descontando las ventanas y las puertas, Identificando los colores seleccionados por el cliente, para cada muro.

Cuarto: Medir todos los muros interiores, revisando todas las puertas y ventanas que se tengan que empapelar, así como los movimientos de mobiliario y hules para cubrirlos y protegerlos de no ser manchados.(Esto es cuando los Inmuebles están ocupados).

Quinto: Entregar al cliente el presupuesto bien presentado, pues muchas veces, por la buena presentación se ganan los negocios, además, que contenga precios justos, tanto para el cliente como para el que ejecuta los trabajos, con una utilidad razonable:

Datos que se deben conocer para hacer un buen Presupuesto

Costo de:

Sellado. La pintura. La mano de obra. Los consumibles

Concepto	**Cubeta**	**Rendimiento**
	19 litros	
Sellador 5x1	$500.00	5M² x1 litro
Pintura	1,300.00	3 a 4 metros x litro dependiendo de
		La rugosidad de la superficie
Mano de obra	$15.00 x M²	a tres manos incluye sellador

Sellador: 5x1:

Al sellador, se le agregan 5 litros de agua por cada litro de sellador.

Un litro de sellador ya compuesto con agua rinde 10 M².

Una cubeta de sellador ya compuesta con agua, rinde 190 M².

Pintura Vinimex:

19 litros x 3 metros por litro, de rendimiento es= a 57 litros por cubeta valor de la cubeta $1,300.00 / 57 litros=$22.80 M² por mano x 2 manos= $45.60 precio de costo por las 2 manos aplicadas.

Concepto	Precio de Cubeta	Rendimiento por cubeta	Precio x M²	Precio unitario
Pintura	$1,139.00	57 litros	$19.98 2 manos	$19.98
Galón	$ 259.00	12 litros	$21.58	
Sellador	$ 500.00	190 litros	$ 2.63	$ 2.63
Mano de Obra	$ 15.00			

TOTAL DE MATERIALES Y MANO DE OBRA	$37.61
+20% Gastos de aplicación, incluye brochas, lijas rodillos etc.	$ 7.52
+10% gastos imprevistos	$ 3.76
+30% de utilidad	$11.28
TOTAL PRECIO DE VENTA	**$60.17**

PRESUPUESTO: (Forma o manera de presentar un presupuesto)☺

De preferencia, escrito en computadora, si no se cuenta con una, acudir a un escritorio público o a un café internet para que lo elaboren, llevándoles un borrador escrito a mano para que lo copien igual.

Sra. Ernestina Piña Ávila   17 de marzo del 2009
Calz. de los Misterios No. 367
Col. Industrial, México, D.F.

Estimada Sra. Piña, sírvase encontrar a continuación, cotización de pintura de interiores y exteriores, de la casa ubicada en el domicilio arriba indicado, bajo las siguientes especificaciones, que sometemos a su consideración:

Preparación de la superficie:

Se limpiarán los muros interiores y exteriores a base de cepillo de alambre, eliminando todas las partículas que se encuentren despostilladas, botadas y mal adheridas, se resanarán las partes dañadas con blanco de España, lijando los muros, dejándolos tersos, antes de aplicar el sellador.

En los muros interiores se empapelarán ventanas, puertas, pisos y todas aquellas partes que se tengan que proteger de ser manchadas, se retirarán los muebles de las habitaciones, cubriéndolos con hules para evitar que se dañen.

Sellador: Aplicación del sellador 5x1 a base de brocha en todos los muros, para tapar el poro y matar el polvo, dejando las superficies confiables para ser pintadas.

Pintura:

Aplicación de dos manos de pintura Vinimex, de acuerdo a los colores escogidos por usted, cuya copia se encuentra en su poder.

Concepto	**Descripcion**	**U**	**Cant.**	**P.U**	**Importe**
Pintura	Muros Interiores y exteriores	M²	420.50	$60.17	$ 25,301.48
				I.V.A	$ 3,795.48
TOTAL					**$29,096.70**

Forma de pago:

- 60% de anticipo (con el dinero del cliente ya se puede empezar)
- 20% al 50% de avance de los trabajos.
- 20% al término de los trabajos a su entera satisfacción

Fecha de inicio:

3 días después de recibir el anticipo (para que tengas tiempo de iniciar sin prisas)

Tiempo de ejecución:

30 días hábiles

Vigencia de la cotización:

30 de abril del 2009

TENTAMENTE

Análisis del presupuesto, para mejor comprensión del negocio

Valor antes del IVA	$25,301.48
El anticipo tendrá que ser el 60	**$15,180.88**

Materiales

Sellador 5 x1 (2 cubetas)	$ 518.00
Pintura Vinimex (7 cubetas)	$7,973.00
Mano de obra	$6,307.50
Consumibles	$1,852.10
Costo de materiales y mano de obra	$16,650.60

Con el 60% de anticipo *($15,180.88)* que te dará el cliente, ya podrás realizar los trabajos encomendados, pues con este dinero, pagarás los materiales y la mano de obra.

Al llegar a la mitad de los trabajos, o sea cuando ya tengas terminados 210.25 M ^{2} el cliente te entregará, otro 20% del valor del presupuesto, o sean $5,060.29 y al final, otra cantidad igual de $5,060.29 quedándote, una utilidad **de $8,650.00**, sin haber invertido nada de tu dinero. **¿Se pueden, o no se pueden hacer negocios sin dinero?**

La transportación de los materiales, al inmueble en donde se tengan que realizar los trabajos, algunos proveedores te los entregarán directamente en el domicilio, otros no lo hacen; en estos casos, se alquila un taxi o una camioneta y le pagas el flete del mismo dinero del anticipo. Procura llevar todo lo que vas a necesitar en un sólo viaje, para no estar gastando en taxis o camiones, incluyendo las cubetas o rollos del material, escoba, cepillo, papel, masquín tape, hules, cable para subir los materiales, etc.

Después de presentar el presupuesto al cliente, es muy importante despertar en él la confianza, para que te pague el anticipo, que sepa dónde vives, o que te recomiende alguien que lo conozca y que sea de su confianza, etc. *es decir, buscar la manera de que el cliente nunca dude de que su dinero peligre*, porque entonces no se hará el negocio.

Cuando pretendas incursionar en la industria para ofrecerles mantenimiento de sus instalaciones, pide hablar con el jefe de mantenimiento y proponle tus servicios sin rodeos, aunque no lo creas, muchas empresas tomarán tu llamado, te solicitarán una entrevista para revisar sus instalaciones y posteriormente elaborarás una cotización.

A tu presupuesto adjúntale una carta de presentación que sea breve, indicando quién eres y qué ofreces, lo importante es comenzar el proceso lo antes posible y hacerlo en forma profesional y constante.

Con el ejemplo anterior, se demuestra que *sí se puede trabajar e iniciar un negocio en México sin tener dinero*, sólo se necesita un ingrediente muy importante y ese ingrediente eres tú, ¡**sí tú**! ya que sin éste, esto sería imposible lograrlo; es indispensable que pongas en práctica cualquiera de las **ideas** de negocio que aquí se exponen, o cualquier otra que tú puedas tener en mente, haciendo un análisis minucioso de ella, para que sea negocio, que le tengas la suficiente fe y confianza y que tengas la certeza de que sea factible el negocio, para no trabajar en vano y que no te vayas a desmoralizar.

Los ejemplos aquí mencionados, están probados y comprobados, que siguiendo las indicaciones, tú puedes llegar a ser una micro empresa y tal vez echándole ganas y sin desfallecer pasarás a ser de una micro, a un pequeño empresario, con varios empleados a tu servicio y en un futuro no muy lejano, una empresa más grande de 70 o más empleados, eso ya dependerá de las ganas tú le pongas al negocio desde el principio.

Durante los múltiples viajes que hice por toda la república, como director de ventas de varios corporativos tales como Industrias Resistol S.A, Fester de México, S.A., Resikon, S.A. de C.V., Motores Mexicanos, S.A., Kohler de México, S.A. pude constatar, que gran parte de las personas que aconseje, crecieron muy rápidamente, al grado de que al regresar en mis viajes, ya los encontraba con más de una camioneta, otros ya tenían un local comercial con empleados y una flotilla de vehículos, otros más platicaban de sus viajes de placer al interior de la república y algunos inclusive ya habían ido a Europa, lo cual se debió, a que siguieron al pie de la letra las indicaciones que en este libro se dan.

Dijeron, que gracias a esta fórmula lo pudieron hacer, pues ellos no sabían cómo, pues la mayoría no contaba con dinero para empezar, hasta que aquí descubrieron que al principio hay que trabajar CON EL DINERO DEL CLIENTE

No existen formulas mágicas para hacer negocios, todo tiene una lógica, y todo parte las necesidades del hombre y del deseo de tener "éxito", pensar bien las cosas y llevarlas a cabo, sin esperar a que te vengan solas.

También la televisión tiene la culpa

Las campañas políticas para las votaciones del 5 de julio del 2009, tenían comerciales negativos para la ciudadanía, pues hemos escuchado ¡cada cosa!, que francamente, para los que estamos acostumbrados a trabajar desde chicos y que nadie nos dio nada, es de dar risa, coraje o francamente rabia, al escuchar a toda esa gente, que está esperanzada, a que papá gobierno les dé un empleo, salen en la televisión dos hombres, sentados en la banqueta, con todas sus facultades físicas y mentales, lamentándose, ¡ay! compadre, y yo que voté por ellos, y mire usted, ni trabajo me dan; a ese señor a mi me gustaría decirle, que no espere que le den trabajo, mejor que piense, que existen un millón de formas de ganarse el dinero y de llevar el pan a su casa, en vez de estar causando lástima, sentado en la banqueta, platicando con otro fracasado igual que él y lamentándose la suerte que les tocó.

Pero estos señores no comprenden que la suerte no existe, nosotros somos, los propios arquitectos de nuestro destino y que cada quien tiene lo que merece.

Ellos tal vez, merecen estar como están, dado a su muy pobre manera de pensar, y esperar a que el presidente del empleo les dé un trabajo, pues ellos son incapaces de pensar, para crearse un autoempleo para desarrollar sus capacidades, que tal vez sí las tengan, pero por estar pensando en la inmortalidad del cangrejo y estar haciendo grilla en favor de algún partido político, perdiendo el tiempo; se conforman con las migajas que éstos les dan, para tenerlos a su disposición y los sigan utilizando como carne de cañón, para sus propios intereses, pero ¿Qué, estas gentes no se dan cuenta, que ellos siguen y seguirán igual?.

✓ **Impermeabilización**

Conviértete en un protector de la construcción

Sabemos que en toda la república Mexicana llueve, y en algunas ciudades más que en otras, es por eso que esta actividad siempre será negocio, pues nadie está dispuesto a que se deteriore su propiedad y sobre todo tratándose del patrimonio familiar, o que se enfermen sus hijos por causa de las humedades.

En esta actividad, salvo raras excepciones, muy pocos ingenieros y arquitectos saben las técnicas de la impermeabilización, pero tal vez, no sea culpa de ellos, sino que en las universidades de nuestro país, no existe una materia dentro de las carreras de ingeniería y arquitectura, que se llame *Impermeabilización* o tal vez, *Productos Químicos para la construcción*.

Estos profesionistas, salen de las Universidades sabiendo hacer buenos cálculos para las grandes edificaciones, saben de acero, de concreto, de resistencias del concreto armado, construyen edificios bien diseñados, (bueno algunos) pero cuando entregan sus obras, están llenas de problemas de humedades.

Y esto se debe, a que no estudiaron en la universidad los productos químicos para la construcción, en donde están incluidos los Impermeabilizantes asfalticos, cementosos, prefabricados, acrílicos, integrales, las resinas epóxicas, los selladores de poliuretano, de silicón, recubrimientos texturizados, recubrimientos para pisos, adhesivos para pisos, juntas pre moldeadas, adhesivos para concreto, grauts de alta resistencia, aislamientos térmicos etc.

La impermeabilización es una actividad que ya no acepta gente improvisada, los jardineros, carpinteros, pintores y albañiles se ofrecen sin saber hacerlo y lo único que pasa, es que hacen que el cliente pague el doble, pues tendrá que llamar a alguien, que si sepa hacerlo bien y tendrá que volverle a pagar.

La PROFECO está llena de demandas, de gente que se atreve a realizar trabajos sin ninguna clase de conocimientos, y después tienen que pagar las consecuencias por no haber hecho las cosas bien desde un principio.

✓ ***Preparación de la superficie:***

Recuerda que antes de aplicar cualquier tipo de impermeabilizante, lo más importante siempre será, la preparación de la superficie, es decir limpiar perfectamente las áreas a trabajar, eliminando el impermeabilizante viejo existente retirándolo en costales de la superficie de trabajó; a veces son impermeables prefabricados, otras tradicionales, pero cualquiera de ellos se retirará lo más que se pueda, pues a veces es casi imposible retirar todo el tradicional, ya que es muy delgado y se puede encontrar muy bien adherido, en estos casos se le debe de advertir al cliente que sólo se retirará lo que esté flojo y mal adherido, ya que si se pretende quitarlo a como dé lugar, se puede dañar la losa por golpes innecesarios, ya que para hacer estas maniobras, se requieren herramientas manuales, como son las palas planas, picoletas, espátulas etc.

Para evitar que los escombros tapen las coladeras y se convierta eso en una gran alberca, es importante retirarlo en costales dejando libre la superficie, calafatear todas las grietas y/o fisuras, ya que por ellas es por donde penetra el agua, aplicar el primer, en dosificación de 1 litro de producto, por 10 litros de agua, para tapar el poro y matar el polvo; una superficie bien preparada, sin haberla impermeabilizado todavía, ya no debe de tener goteras.

La gente que no sabe impermeabilizar, lo primero que hacen, es llegar a impermeabilizar sobre la superficie sin preparar, y por consiguiente las consecuencias se verán en la próxima temporada de lluvias, y todo por meterse a hacer trabajos sin ninguna noción de lo que están haciendo, o tal vez sí saben, pero no lo hacen por flojera, o por querer terminar y cobrar más rápido, pues a casi todos los impermeabilizadores lo que más flojera les da, es la preparación de la superficie.

Diferentes tipos de agua, que son las que perjudican a las construcciones:

- ✓ Las aguas jabonosas
- ✓ Las aguas marinas
- ✓ Las aguas de lluvia
- ✓ Las aguas negras
- ✓ Las aguas freáticas

✓ **Las aguas jabonosas:**

Son todas aquellas que se producen en las regaderas, lavabos y tinas de los baños, así como de toda la limpieza de los muebles de una casa, como son pisos lavados con jabón, el agua jabonosa, ataca principalmente a las tuberías o bajadas de agua, que la conducen hasta los drenajes y en su recorrido pueden dañar las construcciones cuando los tubos manifiestan filtraciones.

Estas aguas causan una gran cantidad de problemas en el interior de las casas y edificios; pero el trabajador deberá saber qué tipo de material debe usar para cada caso, pues a veces aparecen en los pisos, otras se manifiestan en los muros y otras en los plafones.

- ✓ **Las aguas marinas:**

Son aquellas que se encuentran en el mar y que afectan principalmente a embarcaciones de todo tipo, la brisa y ciclones, arremeten contra las construcciones que se localizan primordialmente en las costas de nuestro país, provocándoles a veces daños irreversibles en muros de fachadas y azoteas, cuando no son atendidas oportunamente y con los materiales adecuados.

Por ejemplo, los muros que casi siempre estén expuestos a la brisa del mar, es indispensable protegerlos con un impermeabilizante cementoso, aplicado antes de ser aplanado, es decir, sobre los ladrillos, ya que este material, trabaja tapando el poro y se debe de instalar de dos a tras manos cada 24 horas una de la otra, es por eso que se debe de poner en dos colores, primera mano de gris, segunda mano de color blanco y tercera mano de color gris; esto es con objeto de que el trabajador que lo esté instalando sepa hasta dónde se trabajó el muro, sobre todo cuando la superficie es demasiado grande y en un solo día no se pueda terminar.

Las ventanas y las puertas, exteriores se deberán instalar de aluminio, pues éste es inoxidable y por lo tanto dura más tiempo, cuidando que los selladores sean los adecuados para cada elemento constructivo.

- ✓ **El agua de lluvia:**

Estas aguas son las más importantes en el negocio de la impermeabilización, sobre todo ahora que ya no está lloviendo como antes, sino que hoy en día, parece que se está cayendo el cielo, lo cual a los que se dediquen a este negocio los beneficia enormemente, pues la gente dejará de comprar cualquier otra cosa, pero tendrá que cuidar su patrimonio o su inversión, mandando a impermeabilizar.

El agua de lluvia es sumamente dañina para las construcciones, pues si éstas no están debidamente protegidas e impermeabilizadas, pueden llegar a deteriorarse, al grado de que muchos inmueble, han tenido que ser demolidos por no haberles dado el mantenimiento adecuado, el agua acabó con ellos.

Las lluvias pueden ser el principal aliado o el peor enemigo del impermeabilizador, ya que por un lado, éstas le van a proporcionar clientes y obtendrá trabajo, pero también le podrán dar muchos dolores de cabeza, si es que no se tienen los conocimientos apropiados para esta actividad, pues a veces hemos conocido gente, que sin ningún conocimiento, se meten a hacer trabajos, sin tener la menor idea de cómo realizarlos y qué tipo de materiales se deben de usar para cada aplicación, ya que no se puede instalar el mismo producto en todos los techos; esto dependerá del clima, del tipo de techo que se tenga que trabajar y también influye el estado en que se encuentre.

El clásico todólogo dice, ¡sí patrona! yo se lo hago, le va a salir bien bara, nada más cómpreme usted los materiales en la Comex o en la Fester y ya verá que bien le queda.

Cuidado, ¡Mucho cuidado! con ese tipo de gente improvisada, hay que advertirle a los clientes, que deben de tener ¡mucho cuidado! con estas personas, que sin ninguna clase de conocimientos en esta actividad, se aventuran sin saber las técnicas de la aplicación y sin ninguna asesoría y desconocimiento de los materiales químicos para la construcción, ya que existen diferentes tipos de productos los hay Acrílicos, asfálticos, base agua, base solvente, fibratados, cementosos, elastoméricos, integrales, prefabricados, SBS (Estireno Butadieno Estireno) los hay también APP o sea con Polipropileno Atático etc. cada uno es tiene sus propias características para ser aplicados adecuadamente.

La mayor desventaja que tienen los clientes al contratar a gente improvisada, es que ellos no le podrán otorgar una garantía por escrito, ya que también desconocen cuántos años dura cada producto, además de que no están establecidos.

Todos estos materiales tienen diferentes usos, dependiendo del tipo de techo que se va a trabajar, el clima de la ciudad, o del tiempo que prevalezca en el momento de su aplicación, ya que si se espera lluvia, no se debe de poner ningún impermeabilizante base agua, pues se estaría corriendo el riesgo de que empiece a llover y lo deslave, provocando a veces grandes problemas como manchas en los pisos, coches, ropa, vidrios etc. saliéndole al aplicador, más caro el caldo que las albóndigas, pues tendrá que responder al cliente por todos los desperfectos que causó por su falta de previsión, supervisión y carencia de conocimientos.

Es por eso y quiero volver a insistirte y ser muy enfático, para que te prepares tomando cursos de capacitación, tanto teóricos para conocer todos los materiales, como prácticos para conocer muy bien su aplicación de cada uno de ellos, ya que son muy diferentes entre sí, y sobre todo para que no te vaya a suceder lo antes dicho.

Es importante que toques los materiales, que los huelas, los apliques tú personalmente, para que veas su comportamiento, pregunta cualquier duda que tengas a tu instructor, a tu proveedor; es mejor que digan que preguntón es este señor a que te vayas a quedar con alguna duda y que después sea demasiado tarde al cometer un error de aplicación, que te pueda costar un fuerte dolor de cabeza.

También hay que explicarle al cliente que los improvisados, así como nacen desaparecen y después ¿A quién le van a reclamar? cuando tengan goteras, humedades y desperfectos en el interior del inmueble, pues esta gente no está establecida y algunos ni siquiera tienen teléfono; eso pasa por contratar gente improvisada, que sorprende la buena voluntad de los clientes.

Existen clientes que no obstante de habérseles advertido lo anterior, le confían a su albañil, jardinero o al pintor etc. la impermeabilización de sus techos, porque estos señores cobran más barato que un negocio establecido, y como es lógico los trabajos dejan mucho que desear, al grado que en poco tiempo ese cliente te volverá a llamar a ti, quejándose amargamente de su mala decisión de haber escogido a su albañil, que aparte de todo le provocó doble gasto, contratándote nuevamente a tí, para que lo hagas bien.

El clima en el país ha cambiado, ahora ya no llueve como llovía antes, hoy en día, llueve en forma torrencial, tampoco llueve donde llovía, y ahora llueve en donde no llovía, todo esto ha sido provocado por el cambio climático, es por eso, que se debe estudiar bien geográficamente, en que ciudad del país se va uno a establecer, para desarrollar este negocio.

Pero, si tú vives en la ciudad de México y/o zona conurbada despreocúpate, pues en esta zona siempre llueve, ya que el valle de México está ubicado en un lugar privilegiado.

✓ **Las aguas negras:**

Son de desecho, es decir, son las que se eliminan, después de haberlas usado en la limpieza de los mingitorios, escusados, pisos, azoteas etc. Estas aguas pasan por las tuberías de los inmuebles, llegando a los tubos de albañal, que son estos los que descargan en los drenajes de la calle.

Estas aguas son peligrosas, si existen filtraciones en los tubos que las conducen, ya que pueden contaminar el inmueble y/o el subsuelo, además de que se convierten en aguas freáticas y el daño a las construcciones será más severo.

✓ **Las aguas freáticas:**

Son aquellas que se encuentran en el subsuelo, en algunas partes existen a profundidad y en otras superficialmente, éstas últimas son las que atacan agresivamente a las construcciones, sobre todo en las cimentaciones, que si no están debidamente protegidas (impermeabilizadas), empiezan a subir por los muros, provocando graves daños (salitre) tanto al interior, como al exterior del inmueble.

Así como el agua es indispensable para la vida humana, también es dañina para los bienes inmuebles, es por eso que éstos se deben de proteger contra las inclemencias del tiempo y contra todo tipo de aguas arriba mencionadas.

Es importante recordar, que dependiendo del problema es la solución, no todos los problemas pueden ser tratados de la misma manera, ni con los mismos materiales, hay que conocer todos los tipos de materiales que existen en el mercado de la construcción, saber para qué sirve el cemento, el yeso, la cal, la arena, cómo y en dónde se deben de aplicar; así como para la utilización de cada uno de los materiales químicos para la construcción, tales como:

- **Las resinas o recubrimientos epóxidos:**

Por lo general, son de dos componentes 100% sólidos, que forman una capa decorativa y anticorrosiva.

Usos: para proteger superficies de concreto, metal y madera, expuestas a derrames de substancias químicas o condiciones ambientales severas. Para protección decorativa a pisos, muros y elementos y todos los materiales de construcción expuestos a ataques corrosivos y constante lavado.

Resinas epóxicas protectoras de cimbras, que aumentan la vida útil de éstas.

Epóxicos que protegen tanques, ductos, cisternas, estructuras, tuberías, y en los baños se pueden utilizar substituyendo con economía a los azulejos, ya que quedan es aspecto vidriado; es decir, son materiales que están diseñados para la proteger y dar mantenimiento con ellos al mercado industrial, comercial y residencial.

Las resinas epóxicas se pueden aplicar como acabado transparente e impermeable para muros de tabique, loseta de barro, cemento, cantera, piedrín, ideal para proteger fuentes, espejos de agua, terrazas, cocinas entre otros.

- **Los selladores:**

Los hay plástico bituminoso, elástico a base de asfaltos modificados SBS, acrílicos, de poliuretano, de silicón, entre otros.

Usos:

Son materiales diseñados para rellenar grietas, remates, juntas verticales, cuellos de tuberías, tragaluces, fisuras, tanques, tinacos, juntas de dilatación en estacionamientos, y la manera de cómo se deben aplicar y en qué casos, se usan unos y en qué casos se usan otros:

Acrílicos, para rellenar fisuras, grietas y detalles en losas de concreto.

Asfálticos, para tratamiento de puntos críticos sobre las impermeabilizaciones existentes, en los chaflanes, bajadas de agua, bases de soportaría, etc.

Cemento plástico para calafateo en húmedo. Este sellador es ideal para trabajar en tiempo de lluvias o en donde es imposible eliminar la humedad, como pueden ser las bajadas pluviales, ya que se adhiere en el sustrato y/o en el metal de las coladeras, aunque la superficie esté mojada.

Sellador de juntas en concreto, resistente a los aceites, para colado en caliente, resiste la acción de gasolina, combustible de los aviones a reacción, se usa en el sellado de juntas en las pistas de aviación, carreteras, etc.

Sellador elástico para juntas, de un solo componente, óptima resistencia al envejecimiento y a la intemperie para juntas estructurales, fachadas aparentes, muros divisionales, construcciones con elementos de vidrio, instalaciones y muebles sanitarios.

Selladores de poliuretano, para vidrio-madera, vidrio-metales, vidrio-aluminio, vidrio-asbesto y juntas de todo tipo.

Sellador de silicon transparente, especial para ventanearía, herrería, elementos de aluminio, ductos de vapor y agua caliente, instalaciones y aparatos eléctricos, carrocerías, etc.

La forma de aplicación de todos los selladores es a base de espátulas, pistola calafateadora, y la mejor herramienta que es la mano, ya que algunos selladores, como el de poliuretano, le dan el acabado con el dedo mojado en agua jabonosa, así queda lisa la superficie y el agua evita que se pegue el sellador en el dedo.

- **Las membranas de curado y aditivos:**

Estos productos por lo general son líquidos y sirven para retardar o acelerar el curado del concreto, pues existen los retardantes y acelerante de fraguado, los fluidificantes que hacen que el concreto se acomode casi sólo en la cimbra a la hora del colado, ahorrando mano de obra.

- **Los adhesivos de concreto:**

Estos materiales están elaborados a base de resinas acrílicas plásticas de alta resistencia, que sirven para pegar concreto nuevo a viejo, para reforzar mortero, yeso, tirol, pastas texturizadas, pintura, etc.

- **Los Impermeabilizantes:**
- Estos materiales fueron creados, para proteger a los inmuebles del intemperismo, básicamente de las aguas de lluvia y de la nieve.

- *Los acabados*:

Son recubrimientos protectores de los sistemas impermeables, como las pinturas acrílicas, que por lo general son de color terracota y blanco, así como bituminosas de color aluminio. Estos acabados protegen al impermeabilizante de los rayos ultravioleta del sol; también los hay cementosos y/o sílicos, éstos últimos se deben de instalar arriba de los sistemas impermeables, sólo en las áreas que se tengan que proteger del paso continuo de peatones, como pueden ser las de tendederos, pasillos de acceso a los equipos de refrigeración,etc.

Para preparar una cubeta de sellado sílico que cubra 20 M2 se colocan 11 kilos de cemento gris, 6 kilos de arena sílica, 1.5 litros de adhesivo para concreto y el resto se llena de agua, se revuelve perfectamente hasta que desaparezcan los grumos y se integren todos los componentes, después se aplica la mezcla a base de un cepillo de cerda, sobre la superficie a tratar.

Este mismo procedimiento se debe de aplicar cuando el sustrato se encuentre degradado, es decir, a veces las losas de concreto, los entortados o los enladrillados, están muy deteriorados y aunque se barran sigue saliendo polvo o arenillas suelta, entonces el sellado sílico servirá para fijarlas y matar el polvo, haciendo una superficie confiable para poder recibir cualquier sistema impermeable que se vaya a colocar.

La mayoría de los ingenieros y arquitectos mexicanos, conocen bien los materiales que les enseñaron en la universidad, como son el cemento, la arena, el acero, etc., pero no conocen los productos químicos para la construcción, ya que en ninguna universidad llevan esta materia, la cual es de suma importancia, ya que estos profesionales hacen construcciones agradables muy resistentes, pero llenas de problemas de humedades, por no haberlas protegido en el momento de su construcción y dejan que los problemas le surjan al que viva en el inmueble.

La manera de ponerse al día con estos procedimientos, es acudir con los fabricantes, e informarse de las fechas de los cursos técnicos que imparten, acerca de los materiales que ellos fabrican, también hay que visitar las ferias y exposiciones de la construcción, en donde podrán estar al día de los nuevos productos que salen al mercado.

Recuerda que para todos los problemas de humedades que puedan tener las construcciones, ya existe el material indicado para resolverlos, que tú tienes que conocer, pues recuerda que entre más sepas y más capacitado estés, más negocios podrás hacer, pues tus clientes aunque no sepan, no son tontos y se darán cuenta de tus conocimientos o de la falta de ellos, pues recuerda que en la manera de mover la brocha, se ve quien es buen pintor.

Indicaciones y forma de hacer este negocio:

Primero:

Hay que anunciarse en el periódico de la localidad para que tus clientes sepan que existes, resaltando el número telefónico y se sugiere, que sea un anuncio de 2.5 x 9.5 centímetros. El costo dependerá de cada periódico. (Aproximadamente son $ 300.00 cada inserción, en periódicos locales).

Segundo:

Atender todas las llamadas que soliciten el Servicio, preguntando si tienen acceso, de no tenerlo, deberás ingeniártelas para que algún vecino te preste una escalera (en caso de que al principio no tengas o cómo transportarla), hacer el presupuesto gratis y sin compromiso para el futuro cliente.

Tercero:

Medir todos los techos y/o muros que se van a Impermeabilizar, multiplicando los largos por los anchos, descontando sólo domos o tragaluces grandes, hacer notar al cliente, si hay que mover tuberías que estorben para la impermeabilización, así como encharcamientos que se formen. La limpieza de la superficie, o sea eliminar el impermeabilizante existente; revisar los aplanados de los pretiles y los chaflanes, si éstos se encuentran intemperizados y/o flojos, se tendrán que eliminar y hacerlos nuevos, de lo contrario, dejarán pasar la humedad por debajo del nuevo impermeable, todos estos conceptos se deben de señalar y cobrar en el presupuesto como trabajos adicionales.

Cuarto:

Sugerirle al cliente el impermeabilizante adecuado para el tipo de techo que tenga su obra, es decir, si son techos inclinados o a dos aguas, lo indicado será proponerle cualquiera de los impermeabilizantes prefabricados, o sean los que se aplican con soplete de gas, llamado en el medio, como aplicación por termofusión, o dos capas de impermeabilizante asfáltico base solvente, alternadas con una membrana de poliéster tejida de 65 grs. y como acabado final, pintado de color terracota o aluminio, para protegerlo de los rayos ultravioleta del sol; con estos impermeables se evitan escurrimientos en techos inclinados.

Este presupuesto deberá entregarse al cliente muy bien presentado, sin faltas de ortografía, limpio, sin ninguna tachadura o enmendadura, de lo contrario, estarás dejando desde el principio, una pésima impresión y tal vez por eso el negocio no lo puedas realizar.

Memoria de cálculo:

Indicaciones para elaborar un *presupuesto con impermeabilízate* **asfáltico,** que contenga precios justos para el cliente, así como una utilidad razonable para tu negocio.

Datos que se deben de conocer para hacer un buen Presupuesto:

Precio de la limpieza, de los materiales a usar, de la mano de obra.-y de los trabajos adicionales (sólo en caso de que se requieran)

Concepto	**Cubeta 18 litros**	**Mano de obra Rollo M^2**	**Rendimiento**
Limpieza		$ 10.00 x M^2	1 M^2 x M^2
Renivelaciones		$120.00 X M^2	I M^2 x 1 M^2
Mover tubería		$ por lote	Dependiendo de las piezas

		de plomería a usar y los trabajos a desarrollar.
Primer	$499.00	10 metros x 1 lt. de primer, rebajado, a razón de 10 lts. de agua x 1 lt. De primer, osea una cubeta de 18 lts. Cubre 180 M²
Impermeabilizante Asfaltico base agua	$490.00	Una cubeta de 18 lts. cubre 27 M²
Tela poliéster	$500.00	1 M² x 1 M²
Acabado pintura	$970.00	4 M² x 1 lt. una cubeta cubre 72 M²

Conceptos que deben de ser incluidos.

Limpieza:

En la limpieza se debe de eliminar todo el impermeabilizante existente a base de pala plana, como la que se usa para los jardines, meter el escombro en costales y retirarlos de la obra, dejando limpia la superficie.

Calafateo

El calafateo consiste en sellar las grietas que se encuentren en el concreto, ya que por las grietas es por donde se mete el agua, después de haber levantado el impermeable viejo, se aplican tiras de tela tejida de 65gr de poliéster de 10 centímetros de ancho adheridas con impermeabilizante acrílico sobre las grietas, o con cemento plástico.

Renivelaciones

En las azoteas que presenten encharcamientos, se les colocará un entortado a base de cemento mortero, arena gris y acetato de polivinilo, o sea un adhesivo para que no se desprenda, cuidando colocar el hilo para darle las pendientes adecuadas hacia las bajadas pluviales o coladeras.

Primer o riego de impregnación

A este sellador se le agregan 10 litros de agua por cada litro de sellador y esta mezcla rinde 10 M^2 x 1 litro. Este primer se aplica con un cepillo de lechuguilla y una brocha de ixtle para partes menos accesibles y sirve para tapar el poro, matar el polvo y para que tengan mayor adherencia las siguientes capas impermeables.

1ª.-Capa de impermeabilizante asfáltico

La aplicación de la primera capa se hace sobre el concreto del techo ya limpio, calafateado y emprimado, esta capa se aplica con la mano o con un cepillo y cuando ya se tenga tendido como 3 o 4 M^2 se coloca encima la tela de poliéster tejida de 65 grs. de 1.10 de ancho, la cual se adhiere con la capa fresca del impermeabilizante, ya sea base agua o base solvente, estos lienzos de tela se van traslapando 10 centímetros arriba en sus costados y del lienzo ya colocado, así hasta forrar toda la azotea.

2ª.-Capa de impermeabilizante asfáltico

Posteriormente al estar ya seca la primera capa del impermeabilizante, se aplica la segunda capa del mismo impermeable, dejando totalmente cubierta la tela, como la tela es porosa la capa de abajo del impermeabilizante penetra hacia arriba y la capa de arriba penetra hacia abajo, formando un sistema impermeable monolítico, es decir que no se va a delaminar, que no se va a separar, esto ya es el último paso solo faltaría protegerlo con el acabado final.

Acabado final:

Aplicación de recubrimiento acrílico base agua color terracota, o bituminoso color aluminio, este acabado sirve como protección del impermeabilizante contra los rayos ultra violeta del sol.

A este sistema se le debe de proporcionar mantenimiento cada año, con cargo al cliente a razón de $40.00 M^2 incluye la pintura y la mano de obra y consiste en reparar todas las grietas que hayan aparecido en ese lapso de tiempo, así como aplicar otra vez el recubrimiento que se haya aplicado desde un principio, ya sea el color terracota o el color aluminio.

"Nota" Los impermeabilizantes asfálticos, son derivados del petróleo y a los fabricantes se los surte PEMEX, quienes los enriquecen con sus diferentes fórmulas para hacerlos, de mejor o menor calidad, flexibles, fibratados, base agua o base solvente.

Las emulsiones (base agua) se utilizan sobre todo en tiempo de secas, ya que si el impermeabilizante está fresco y lo sorprende la lluvia lo puede deslavar, provocando escurrimientos que pueden manchar pisos, paredes, vidrios, coches etc.

El impermeabilizante asfáltico base solvente, se utiliza principalmente en épocas de lluvias, ya que el agua no lo deslava, pues el solvente con el agua se rechazan, pero se debe de aplicar antes de que la superficie esté mojada, pues de lo contrario no tendría adherencia.

Memoria de cálculo

(para obtener los precios unitarios del sistema asfáltico).

Concepto	Precio	Rendimiento	P.U
Limpieza, mano de obra	$10.00	1 M² x 1 M²	$10.00
Primer cubeta 18 lts	317.40	10 M² x 1 lt.	$ 1.76
Impermeabilizante base agua	$499.00	27 M² x cubeta x 2 capas	$36.96
Tela poliéster	$500.00	/100 M² x rollo	$ 5.00
Pintura	$970.00	/72 M² x cubeta	$13.47
		Costo	$67.19
Utilidad del 30 al 100 % dependiendo del metraje ejemplo para 200 M² 100% U.T			$ 67.19
	PRECIO DE VENTA		**$134.38**

Presupuesto de impermeabilización con asfaltico base agua:

Concepto	U	Cantidad	P.U	Importe
Limpieza				
Calafateo				
Primer				
Sistema impermeable asfáltico o base agua, y pintura terracota	M²	200.0	$134.38	$26,876.00
			Subtotal	$26,876.00
			Iva	$ 4,300.16
			Total	**$31,176.16**

Garantías

SISTEMA IMPERMEABLE	AÑOS
Dos capas de *impermeabilizante asfáltico base agua, o base solvente*, alternadas con una membrana de tela de poliéster tejida, con acabado de cualquiera de las dos pinturas.(con mantenimiento anual forzoso con cargo)	3
Tres capas de *impermeabilizante asfáltico base agua, base solvente*, alternadas con dos membranas de tela de poliéster tejida, con acabado de cualquiera de las dos pinturas (con mantenimiento anual forzoso con cargo)	4

Impermeabilizantes Acrilicos

Los impermeabilizantes acrílicos, han venido a sustituir a los impermeables asfálticos, ya que éstos no requieren ninguna clase de mantenimiento, por lo tanto a la larga salen más baratos, pues el cliente ya no tendrá que gastar cada año para darle mantenimiento, pues la garantía cubrirá cualquier falla de los materiales y/o de la mano de obra. Existe una gran cantidad de fabricantes de estos productos, pero siempre hay que buscar el mejor precio, y cuando que cumplan con las especificaciones optimas, para estar competitivos en el mercado de la aplicación.

Proceso:

Limpieza

En la limpieza se debe de eliminar todo el impermeabilizante existente a base de pala plana, como la que se usa para los jardines, meter el escombro en costales y retirarlos de la obra, dejando limpia la superficie.

Calafateo

El calafateo consiste en sellar las grietas que se encuentren en el concreto, ya que por las grietas es por donde se mete el agua, después de haber levantado el impermeable viejo, se aplican tiras de tela de poliéster de 10 centímetros de ancho adheridas con impermeabilizante acrílico sobre las grietas.

Renivelaciones

En las azoteas que presenten encharcamientos, se coloca un entortado a base de cemento mortero, arena gris y acetato de polivinilo, o sea un adhesivo para que no se levante, cuidando colocar el hilo para darle la pendiente adecuada hacia las bajadas pluviales o coladeras.

Primer o riego de impregnación

A este sellador se le agregan 10 litros de agua por cada litro de sellador y esta mezcla rinde 10 M^2 x 1 litro. Este primer se aplica con un cepillo de lechuguilla y una brocha de ixtle para partes menos

accesibles y sirve para tapar el poro, matar el polvo y para que tengan mayor adherencia las siguientes capas impermeables. (Una cubeta de 18 litros, rinde para 180 metros)

Sistema impermeable acrílico, color blanco o terracota

1^a.- capa de impermeabilizante acrílico

La aplicación de la primera capa se hace sobre el concreto del techo ya limpio, calafateado y emprimado, esta capa se aplica con cepillo de cerda y cuando ya se tengan tendido como 3 o 4 M^2 se coloca encima la tela de poliéster tejida de 65 grs. de 1.10 de ancho la cual se adhiere con la capa fresca del impermeabilizante, estos lienzos de tela se van traslapando 10 centímetros arriba del lienzo en sus costados, así hasta forrar toda la azotea.

2^a.- Capa de impermeabilizante acrílico

Posteriormente, se aplica la segunda capa del impermeabilizante cuando ésta ya está completamente seca la primera y se deberá cubrir totalmente la tela de poliéster, esto es el último paso, ya que los impermeabilizantes acrílicos son de color terracota o blanco, por lo tanto ya no es necesario pintarlos. Ni tampoco se les da mantenimiento.

Memoria de cálculo
(para sacar los precios unitarios del sistema acrílico)

Concepto	Precio	Rendimiento	Precio Unitario
• Limpieza	$10.00	1 M² x 1 M²	$10.00
• Pimer cubeta	$416.00	180 M²	$ 2.31
• Impermeabilizante Acrílico para 5 años	$703.20	27 M² x 2 capas	$52.08
• Tela poliéster	$500.00	/100 Metros	$ 5.00
• Mano de obra	$10.00	1 M² x 1 M²	$10.00
		Costo	**$79.39**

Utilidad del 30% al 100 % dependiendo
Ejemplo, para 200 M² es el 100% $79.39
Precio de venta al publico   **$158.78**

Presupuesto de impermeabilización con acrilico:

Concepto	U	Cantidad	P.U	Importe
Limpieza				
Calafateo				
Primer				
Sistema impermeable asfáltico o base agua,y pintura terracota	M²	200.0	$158.78	$31,756.00
			Subtotal	$31,756.00
			Iva	$ 5,080.96
			Total	**$36,836.96**

Garantías

SISTEMAS IMPERMEABLES ACRILICOS

Dos capas de *impermeabilizante acrílico,* alternadas con una membrana de tela de poliéster tejida, de 65 gr.se pueden otorgar garantías desde: **3-5-7 y 10** años, la diferencia entre unos y otros sólo es la resina que usan los fabricantes, es decir, entre más años de garantía, más fina es la resina con la que están fabricados. Para que no existan problemas de reclamaciones, es muy importante que se tenga mano de obra calificada, pues estos productos no dan problemas, siempre y cuando estén bien instalados.

Memoria de cálculo
(para sacar los precios unitarios de los sistemas Prefabricados):

Concepto	Precio Unitario	Rendimiento	Precio
Limpieza mano de obra	$10.00		$10.00
Primer cubeta base agua	$499.00	180 M^2 x cubeta	$ 2.77
Gas	$185.00	100 M^2 x Tanque	$ 1.85
Impermeabilizante Prefabricado VG- 35 SBS Y APP	$535.95	8.9 M^2 x Rollo	$60.22
Mano de obra	$10.00	M^2 x 1 M^2	$10.00
		Costo	**$82.07**

Utilidad del 30% al 100 % dependiendo
del metraje, para 200 M^2 es el 100% U.T $82.07

Precio de venta al publico **$164.14**

SISTEMAS IMPERMEABLES PREFABRICADOS

Garantías AÑOS

ESPECIFICACIONES

VA-30 T SBS FIBRA DE VIDRIO 3 MM 70 GRS. ARENA ESTIRENO BUTADIENO ESTIREN con acabado pétreo	5
VG-35 VIS FIBRA DE VIDRIO 3.5 MM 70 GRS. GRAVILLA ESTIRENOBUTADIENO ESTIRENO	5
PA-30 T SBS FIBRA DE POLIÉSTER 3 MM 180 GRS ARENA ESTIRENO BUTADIENO ESTIRENO con acabado pétreo	7
PG-35-T SBS FIBRA DE POLIÉSTER 3.5 MM 180 GRS ESTIRENO BUTADIENO ESTIRENO	8
PP-40-T SBS FIBRA DE POLIÉSTER 4 MM 180 GRS ESTIRENO BUTADIENO ESTIRENO	8
PA-40-T SBS FIBRA DE POLIÉSTER 4 MM 180 GRS ARENA ESTIRENO BUTADIENO ESTIRENO	9

PG-40 T SBS FIBRA DE POLIÉSTER 4 MM 180 GRS GRAVILLA   9
STIRENO BUTADIENO ESTIRENO

PG-45-T SBS FIBRA DE POLIÉSTER 4.5 MM 180 GRS GRAVILLA 10
ESTIRENO BUTADIENO ESTIRENO

PA-45 TPO FIBRA DE POLIÉSTER 5 MM 250 GRS ARENA   12

PG-50 TPO FIBRA DE POLIÉSTER 3 MM 250 GRS GRAVILLA   15

Presupuesto, con impermeabilizante PREFABRICADO

Los impermeabilizantes prefabricados son asfálticos, están protegidos con gravilla contra los rayos ultravioleta del sol y por eso no requieren ninguna clase de mantenimiento, por lo tanto a la larga sale más barato impermeabilizar con estos productos, pues el cliente ya no tendrá que gastar cada año, pues la garantía cubrirá cualquier falla de los materiales y/o de la mano de obra.

Son de fácil aplicación siempre y cuando se tomen los cursos de capacitación ya que un buen material en manos de un inexperto, puede ser el peor material y sobre todo hay que tener mucho cuidado en su aplicación, ya que se hace a base de termofusión con soplete de gas y puede ser peligroso para todo aquel que no esté familiarizado con el soplete, también se tiene que tener siempre un extintor cargado cerca de la aplicación.

Existe una gran cantidad de fabricantes de estos productos, siempre hay que buscar el mejor precio, para estar competitivos en el mercado de la aplicación.

Proceso para la aplicación de un sistema Prefabricado

Limpieza

En la limpieza se debe de eliminar todo el impermeabilizante existente a base de pala plana, como la que se usa para los jardines, meter el escombro en costales y retirarlos de la obra, dejando limpia la superficie.

Calafateo

El calafateo consiste en sellar las grietas que se encuentren en el concreto, ya que por las grietas es por donde se mete el agua, después de haber levantado el impermeable viejo, se aplican tiras de tela de poliéster de 10 centímetros de ancho adheridas con impermeabilizante acrílico sobre las grietas.

Renivelaciones

En las azoteas que presenten encharcamientos, se les coloca un entortado a base de cemento mortero, arena gris y acetato de polivinilo, o sea un adhesivo para que no se levante, cuidando colocar el hilo para darle la pendiente adecuada hacia las bajadas pluviales o coladeras.

Primer o riego de impregnación

A este sellador se le agregan 10 litros de agua por cada litro de sellador y esta mezcla rinde 10 M ^{2}x 1 litro.Este primer se aplica con un cepillo de lechuguilla y una brocha de ixtle para partes menos accesibles y sirve para tapar el poro, matar el polvo y para que tengan mayor adherencia las siguientes capas impermeables.

(Una cubeta de 18 litros rinde para 180 metros)

ROLLO:

La aplicación de la membrana prefabricada, (cualquiera de las antes dichas) sobre el concreto del techo ya limpio, calafateado y emprimado, esta membrana se aplica cuando ya esté seco el primer el primer lienzo de un metro de ancho se colocara siempre junto a la bajada pluvial o en la orilla del techo si es que éste es de dos aguas y en seguida el segundo lienzo, traslapándolo sobre el primero, en traslape sin gravilla que tienen los rollos, con el objeto de que el acabado final sea todo uniforme a la vista y que la gravilla vaya quedando pareja, así hasta forrar toda la azotea.

Las bajadas pluviales se tienen que sellar perfectamente a base de tiras de este mismo material, ya que éstas son puntos críticos que siempre hay que atender con más cuidado.

Estas actividades, tienen ventajas para todos los involucrados:

Primera ventaja:

Al cliente se le resuelve un problema dándole el servicio que requiere, a cambio de una remuneración justa.

Segunda:

Al trabajador que está desocupado, se les otorga una fuente de trabajo por la que obtendrá Ingresos por su labor desarrollada.

Tercera:

Al fabricante, se le compran sus materiales

Cuarta:

Al negocio, se le hace crecer, cobrándole al cliente, pagándole al trabajador, pagándole al proveedor, pagando los impuestos correspondientes y obteniendo tú una utilidad justa, por ser el responsable y coordinador general de esta cadena, tu intervención no sería posible sin ésta.

Limpieza industrial:

Este tipo de negocio es una actividad muy solicitada ya en México, pues cada día es más difícil encontrar personal de confianza, que quiera hacer la limpieza de las casas habitación, oficinas, fábricas o industria en general, además los patrones que contratan a su propio personal de limpieza, los tienen que dar de alta en el Instituto Mexicano del Seguro Social y con todas las prestaciones de ley, padeciendo sus faltas de asistencia al trabajo que desgraciadamente son con mucha frecuencia, dejando sucias las instalaciones y que desafortunadamente a veces coincide con visitas importantes, del extranjero, clientes de la empresa o socios, dejándoles mala impresión de sus instalaciones, o puede ocurrir que en esas fechas se reciba la visita de las autoridades de salubridad y peligre el cierre de una empresa por no tener la limpieza y la higiene necesaria para operar.

De los argumentos anteriormente mencionados, podemos desprender que debemos aprovechar éstos, para cerrar los contratos con las compañías, pues con estas evidencias conseguiremos convencerlos, ya que con el servicio que ustedes ofrecerán, sus clientes no tendrán que pagar prestaciones de ninguna clase, además nunca les faltará el servicio. Los horarios y fechas de laborar serán los que éllos indiquen, de acuerdo a sus políticas y calendario de trabajo o podrán ser negociables previo a la firma del contrato.

Por lo general la limpieza de las oficinas consiste en:sacar diario la basura de los botes de las oficinas, barrer, trapear con líquidos aromáticos y desinfectantes todos los pisos de loseta, aspirar los que tengan alfombras, limpiar baños con fibras y productos desmanchadores y desinfectantes para conservar siempre limpios los inodoros, tener mucho cuidado con la limpieza del área de comidas (los comedores). Tus trabajadores tendrán que usar tapabocas y guantes para todas estas actividades, así como batas o pantalones y camisolas de gabardina de algodón y seguir las indicaciones de seguridad que tengan implantadas en cada empresa. Hay algunas que prohíben masticar chicle, caminar fuera de las áreas de trabajo, no subir a las áreas riesgosas, sin haber obtenido el permiso por escrito, de los jefes de la seguridad, no transitar fuera de los pasillos marcados para eso, entrar a la planta con zapatos de casquillos metálicos, o con casco en la cabeza, lentes protectores y guantes, etc. Cualquier violación de estas normas establecidas que tienen algunas fábricas, puede ser motivo de cancelación del contrato y sacarán a todo el personal de tu empresa de servicio sin ninguna consideración.

Los implementos de limpieza que se deben tener para poder desarrollar bien su trabajo son:

Escobas de mijo y de plástico, señalamientos o cintas de precaución para delimitar las áreas que se estén limpiando para que no pasen mientras se termina el aseo, esto es para evitar algún accidente, jergas para secar, franelas para sacudir, plumeros para eliminar telarañas en los techos altos, jaladores de hule con mango de rosca, cepillos de lechuguilla y de cerda, cubetas de plástico de diferentes tamaños, cepillos cortos de plástico para limpieza de los baños, pequeñas escaleras de aluminio con patas de hule, bancos de plástico para poder alcanzar las partes altas, limpiadores de hule con mango corto para la limpieza de los vidrios, guantes de hule, botas de hule, etc.

Todos estos implementos se le cobrarán al cliente, es decir al momento de hacer la propuesta de los trabajos que se vayan a realizar, se debe de tomar en cuenta la cantidad de dinero que importen, así como los productos químicos de limpieza.

Es muy importante que el personal que se vaya a conseguir para esta actividad, sea del sexo femenino y que oscilen entre los 25 a 40 años, esto es muy importante, ya que el personal del sexo masculino no es el apropiado, la experiencia nos ha demostrado que las mujeres sí saben hacer la limpieza fina y los hombres son buenos para la limpieza pesada.

Para este negocio tampoco se requiere tener capital, pues los clientes que estén interesados en este servicio tendrán que firmar un contrato en donde se establezca que los pagos serán semanales, ya que la mayoría del personal que ustedes tengan, viven prácticamente al día y ellos esperaran su sueldo cada ocho días, de lo contrario no querrán trabajar.

En el contrato se debe especificar que el cliente tendrá que adelantar una cantidad determinada, a tí te toca estudiar en cada caso de cuánto deberá de ser esa cantidad,(pues cada caso será diferente, dependiendo del tamaño del trabajo a realizar y también de lo que se trate) para la primera compra de los utensilios y artículos de limpieza que se vayan a utilizar, esto será únicamente por la primera semana, pues la siguiente semana ya tendrás recursos para seguir comprándolos, pagar la mano de obra de tu personal y también tu utilidad.

Con este negocio se pueden atender diferentes empresas al mismo tiempo, esto dependerá de la capacidad de acción que tenga el emprendedor o pequeño empresario y recuerda que es muy importante saber conocerse así mismo, ya que el que mucho abarca poco aprieta, y más vale paso que dure y no trote que canse, pero esto depende de la capacidad de cada quien.

Este tipo de contratos deben realizarse de acuerdo al tamaño de cada inmueble y dependiendo del volumen de las labores que se tengan que realizar, en virtud de que aquí, en esta actividad, lo que más pinta es el precio de la mano de obra; por lo tanto se tendrá que hacer un ejercicio de los tiempos y movimientos, con objeto de determinar la cantidad de personal que se vaya a ocupar así como el horario y los días a trabajar, pongamos un ejemplo:

Supongamos que te solicitan una cotización para hacerte cargo de la limpieza por un año, de unas oficinas que tienen varios cubículos, pasillos, cuartos de baño, sala de recepción, cuarto de máquinas de oficina, sala de juntas, todo esto en una superficie de 1.200 M² con un estacionamiento aparte para cuatro automóviles.

Las incógnitas a conocer:

1. ¿Cuáles son las áreas a tratar?
2. ¿De qué se tratan las labores a desarrollar?
3. ¿Qué tiempo nos vamos a tardar en hacer la limpieza diaria?
4. ¿Cuántas señoras vamos a contratar?
5. ¿Qué equipo tienes que comprar?
6. ¿Qué químicos, desinfectantes se necesitan y de que capacidad, para un mes?
7. Determinar el horario de trabajo.

Cuando conozcas bien las instalaciones en donde vas a trabajar y después de saber todas las incógnitas que te surjan, entonces ya podrás determinar el salario de cada una de las trabajadoras que contrates. Una vez que ya sepas cuánto vas a pagar por mano de obra, entonces le sumas el valor de los insumos y los utensilios de limpieza, cargarás también el 25% de gastos de operación por la secretaria, oficina, seguro social y le aumentas un 30% de tu utilidad.

NOTA: Sugerimos que mientras no tengas personal capacitado, no aceptes trabajos riesgosos, tales como la limpieza de vidrios por afuera de las fachadas de los edificios altos, ya que además para este tipo de trabajos se requiere de alquiler de equipo, tales como hamacas, columpios, cable de acero, además de tener al personal adscrito en el I.M.S.S

Recuerda que si te equivocas la primera vez y no te salió como esperabas, no te preocupes, pues *el que trabaja tiene derecho a equivocarse* y no dejes de intentarlo otra vez hasta que lo logres, pues recuerda que tú sí puedes, y esto es muy pequeño para que pueda más que tu.

> **Casa de Huéspedes:**

Se hizo un sondeo entre damas ejecutivas que trabajan en diferentes zonas industriales y corporativos de Tlalnepantla y Naucalpan en el Estado de México, así como en las zonas industriales de Vallejo, Iztapalapa y en corporativos de inter lomas y santa fe en el Distrito Federal, logrando sacar en conclusión que existen una serie de empleados de alto nivel cultural que vienen de la provincia mexicana a prestar sus servicios profesionales a la capital, y se encuentran con el grave problema de que no existen casas de huéspedes en donde ellos puedan vivir con seguridad y que no sea costoso, ya que de otra manera estarían trabajando sólo para pagar el hospedaje y entonces ya no sería atractivo para ellos venir desde tan lejos sólo para estar pagando su manutención.

Es por eso que en este libro se incluyo este buen nicho de mercado para y hacer negocio con una casa de huéspedes, las cuales siempre serán mucho más baratas y seguras para vivir que un cuarto de hotel, además de los peligros que esto representa para damas que vivan solas.

Sabemos que aquí de lo que se trata es de saber hacer negocios sin dinero, es por eso que en este ejemplo de negocio se propone sólo para aquellos que ya tengan la propiedad y que además tenga espacio desocupado y suficiente como para echar a andar este atractivo negocio:

Existen una serie de casas con 20 o 30 años de antigüedad que ya no viven en ellas más que un matrimonio de la tercera edad, pues ya se casaron todos sus hijos y todas las recámaras se quedaron vacías y amuebladas, las cuales están totalmente desaprovechadas, pues los dueños sólo ocupan una de las 4 o 5 habitaciones, ellos hacen sus alimentos en la mesa de la cocina y la del comedor, sólo la usan cuando vienen sus hijos y nietos a visitarlos; este tipo de ejemplo abunda en nuestra sociedad en donde los gastos son muy altos sobre todo para un señor que ¡tal vez¡ sea un pensionado y su salario apenas le alcance para sostener ese tren de vida, sin tener ninguna necesidad, ya que el convertir su casa en una casa de hospedes, les inyectaría además de buenas utilidades también vida, pues convivirían con otras personas quienes se las harían más llevadera.

Puede existir la posibilidad de que en la casa que vives sea de tu propiedad y que tengas desocupadas varias habitaciones, entonces puedes rentar cuartos con o sin alimentos, exclusivamente para damas que vivan en el interior de la república y que estén trabajando en México en alguna empresa o Corporativo.

A los huéspedes se les puede ofrecer un paquete que incluya: la habitación con baño, desayuno y cena, la comida no, ya que por lo general no regresan a la casa sino hasta por la noche, pues comen en el corporativo u empresa en donde trabajen.

Las ventajas que tienen las damas que ocupen una habitación en la casa de huéspedes son muchas, ya que tendrán un lugar decente en donde vivir y con 100% de seguridad, además se les proporcionará todos los servicios de limpieza tanto del baño como de su habitación, ropa de baño y blancos de cama, alimentos tales como el desayuno y la cena de lunes a viernes, ya que los sábados y domingos sólo se les podría dar el desayuno y se les deja en libertad para que coman y cenen fuera de la casa.

Este negocio se presta más para que lo maneje una mujer de respeto, esto no quiere decir que los hombres no lo puedan hacer, pero existen ciertas actividades que son propias para la mujer, ya que estamos hablando de tener un grupo de damas viviendo bajo el mismo techo y a algunas clientes no les gustaría compartir la casa con algún hombre, este aspecto hay que cuidarlo mucho, ya que de lo que se trata es de hacer un grupo de personas que ¡tal vez¡ hagan buena amistad entre ellas? y es comprensible que estén más a gusto y conformes con que sea una mujer la responsable de la casa de huéspedes y que no haya hombres.

Por otro lado es muy importante que antes de aceptar huéspedes en la casa, éstos tengan que firmar un documento en el que estén de acuerdo en cumplir las normas de conducta que exige la casa, tales como:

I. Respetar los horarios de llegada de lunes a viernes por la noche y la hora de entrada del sábado y domingo.
II. Respetar los horarios de los alimentos los cuales se servirán siempre a la misma hora.
III. Bajo ninguna circunstancia se aceptan visitas de personas a la casa.
IV. No se permite traer animales a la casa y mucho menos tenerlos en la habitación.
V. Ningún hombre podrá entrar, sin previa autorización por escrito de la responsable de la casa de huéspedes
VI. Se prohíbe la entrada a la casa a toda persona que llegue en estado inconveniente, producto de alguna droga o del alcohol.
VII. No se aceptará la introducción de ninguna clase de drogas ni de botellas de alcohol a la casa.
VIII. Los pagos del servicio que presta la casa a los huéspedes, deberán de ser liquidados cada 15 días y por ningún motivo se aceptará ninguna demora, ya que es con lo único que cuentas para cubrir los gastos de la casa y obtener tus utilidades.
IX. Pedirles una constancia por escrito, del puesto que desempeñan, nombre completo de su jefe inmediato superior, la dirección y los teléfonos, todo esto de la empresa o lugar en donde estén trabajando.
X. Solicitarles un comprobante de domicilio de su lugar de origen, así como el número telefónico, la dirección y el nombre de la persona con la que actualmente viven.

Todos los requisitos anteriores, son con el objeto de formar realmente un negocio serio y sin ninguna clase de contrariedades, es por eso que se debe de hacer una selección de las damas que vivan en la casa y así evitar problemas futuros, en la inteligencia de que la persona que no acate y/o respete el reglamento anterior tendrá que desocupar la habitación de inmediato, ya que esto no es un hotel en donde cada quien pueda hacer y llegar a la hora que se le dé la gana.

Se sugiere que los precios sean atractivos para ellas, pero siempre cuidando que el resultado final, sea el negocio para la casa.

Tendrás que hacer ejercicios de gastos de los alimentos, desayunos y cenas, agregar el gasto de las personas del servicio, más la luz, teléfono, gas y agua; una vez que ya conozcas el gasto de una persona, por ejemplo:

Gasto por persona

Desayuno: Jugo de fruta, huevos con jamón, Frijoles café y pan	$ 30.00 X 30 día	$ 900.00
Comida: Sopa, guisado, frijoles, agua, tortillas y postre	$30.00 X 40 días=	$ 1,200.00
Cena: Bistec con papas, frijoles, pan y café (o similar)	$ 40.00 X 30 días=	$ 1,200.00
Luz: El recibo bimestral se dividirá entre los huéspedes, aprox.$ .100.00 / 2=		$ 50.00
Teléfono: se cobrara a $ 5.00 el minuto y L.D a		$ 20.00
Gas Baño: 1½ lts .Alimentos 1 lt. Total gas 2½ lts X $4.95 X 30días		$ 371.00
Agua: El recibo bimestral se dividirá entre los huéspedes, aprox	$ 40.00 / 2 =	$ 20.00
Pensión: Incluye, habitación ropa de baño, cama y limpieza de ambos 2,500.00 X 2 personas =		$ 5,000.00

Estos datos y precios están sacados de una zona habitacional de la clase media, tales como la Colonia Roma, Narvarte, del Valle, Distrito Federal y Ciudad Satélite, en Santa Mónica, Bulevares, Las Arboledas en el Edo de México.

Fui testigo de una señora viuda que tenía que mantener a su hija, entonces lo que hizo con mucha valentía y confianza en ella misma fue que alquiló una casa muy grande en Ciudad Satélite, Naucalpan Edo. De México, con 5 recámaras, con garaje para 4 automóviles, sala, comedor muy amplio así como varios baños para dar servicio a todas las recámaras.

Esta señora, ocupaba con su hija la recámara principal y cuando hizo el trato del alquiler, le aclaró al dueño que iba a ocupar la casa para poner una casa de huéspedes y negoció con él, también la forma inicial del pago de la primera renta y el depósito, para no verse apretada en el primer vencimiento y le solicitó, que la esperara hasta que tuviera los primeros huéspedes, para poderle pagar el primer mes de renta y también el dueño le aceptó que el depósito se lo pagara hasta después del tercer mes, ya que la señora empezara a llenar la casa de huéspedes.

Puso de inmediato un anuncio en el periódico ECOS de Ciudad Satélite, el cual apareció el día sábado, ofreciendo habitaciones para damas ejecutivas u oficinistas que trabajen en la zona de Tlalnepantla, Naucalpan o Atizapán, Estado de México.

El mismo sábado, le llamaron varias personas, a las cuales les solicitó todos los requisitos que ella ya previamente tenia preparados y el siguiente lunes varias de ellas llegaron con los papeles solicitados y el dinero para apartar sus habitaciones.

En el transcurso de la misma semana ella se dedicó a verificar las referencias que le entregaron, así como los domicilios de sus familias y de las compañías en donde dijeron que trabajaban.

Una vez checado todo lo anterior aceptó y recibió cinco damas, a las que les pidió que trajeran dos juegos de ropa de cama y dos toallas para el baño, ya que esta ropa es muy personal pues todas ellas así se lo solicitaron, les alquilaba también el estacionamiento de sus coches, además del arrendamiento de sus cuartos incluyendo los alimentos del desayuno y la cena.

Con el dinero adelantado que les pidió, ella ya pudo llenar el refrigerador con todos los víveres que se necesitaban, tanto para ellas dos como para sus 5 huéspedes y sus dos sirvientas.

Estas personas, con el paso del tiempo llegaron a hacer buenas amigas, como si fueran una familia y la señora se daba el lujo de tomar sus vacaciones, dejando a dos sirvientas que atendieran la casa en su ausencia, también le compró un coche a su hija, la ropa que usaban, las diversiones y medicinas que se necesitaban para ellas dos, todo con el producto del negocio de la casa de huéspedes.

Con este otro ejemplo, podemos volver a constatar, que no se necesitó dinero para iniciar este negocio.

Hemos estado analizando negocios relacionados con la industria de la construcción y/o viviendas, en sus diferentes facetas de mantenimiento de inmuebles.

Ahora veremos otro ejemplo de negocio muy lucrativo relacionado también con los inmuebles, que tampoco requiere que tengas dinero para poderlo realizarlo; se trata de:

> *Inmobiliaria*

Las inmobiliarias son las empresas que se encargan de la venta de los inmuebles, tales como: casas, terrenos, edificios, fábricas, bodegas, departamentos, locales comerciales, escuelas, hospitales etc.

Pero lo más importante para ti, es que ninguno de estos inmuebles los tienes que comprar o pagar para que los puedas vender, ya que este tipo de negocio se maneja por medio de una comisión, que te paga el vendedor o sea el dueño del inmueble.

Antes de empezar a promocionar algún inmueble, deberás firmar un contrato con el dueño del inmueble, en el que se especifique el porcentaje de comisión que le cobrarás en el momento de la firma de las nuevas escrituras con el nuevo comprador, que tú llevaste ante el notario público.

Esta comisión puede ser el porcentaje que pactes con el dueño del inmueble, la cual será entre un 2 o 3%, no podrás cobrar más de eso, ya que existe competencia de empresas bien establecidas, además con muchos años de experiencia.

Es importante que siempre estés muy bien presentado, pues recuerda que como te ven te tratan y además debes de causar muy buena impresión y confianza para que te puedan confiar una operación de este nivel.

Supongamos que te den a vender una propiedad que tiene un valor de $3,000.000.00 (tres millones de pesos 00/100 m.n), y que la comisión sea el 2%, entonces recibirías $60,000.00 (sesenta mil pesos 00/100 m.n.) brutos, ésta no sería tu utilidad ya que a este dinero le descontarás los impuestos correspondientes y los gastos de venta en que hayas incurrido.

Deberás contratar a un contador para que te dé de alta ante la Secretaria de Hacienda, y que también te maneje tu contabilidad, te pague los impuestos correspondientes a las comisiones que obtengas y te ayude con todo lo fiscal.

También aquí en este ejemplo de negocio tendrás que anunciarte en el periódico, en la sección de venta de casas, ofreciendo tus servicios, indicando que vendes todo tipo de propiedades con rapidez, pero antes deberás tomar cursos de capacitación. Estos cursos los imparten las asociaciones inmobiliarias, ya que tendrás que manejar una serie de documentos muy delicados y específicos, para que puedas asesorar bien a tu cliente, de otra manera te podrías meter en serios problemas, pues tendrás tratos con los notarios y deberás conocer de impuestos, así como del valor de los terrenos y construcciones en los diferentes rumbos de las ciudades para que puedas hacer un avaluó correcto sin sobre valuar los inmuebles o valuarlos por debajo de su valor real, ya que por este tipo de errores, los inmuebles se dejan de vender apropiadamente.

Junto con el anuncio del periódico deberás colocar un letrero con el teléfono de tu casa u oficina, así como el número de tu celular, para que todas las llamadas, seas tú quien las atienda y puedas llevar un control de las personas que estén interesadas en determinado inmueble.

Cuando te llamen para ofrecerte algún inmueble, deberás revisar y saber verificar toda la documentación que les pidas y que ésta se encuentre en orden y al corriente del pago de impuestos, para lo cual solicitarás lo siguiente:

Copia del último recibo de pago de la boleta predial y que los datos de esta coincidan con datos de las escrituras, pues muchas veces los M^2 tanto del terreno, como de la construcción no coinciden, esto hace que varié el precio de la propiedad.

Copia de las escrituras con el sello del registro público de la propiedad.

Copia de un comprobante de domicilio a nombre del propietario del inmueble.

Copia del último recibo del agua

Copia del último recibo de la luz

Copia de la credencial del IFE del propietario

Copia del acta de matrimonio (sólo en caso de que el dueño esté casado por bienes mancomunados)

Copia de la credencial del IFE del esposo (a).

CAPITULO III

❖ *"Vestido"*

Al igual que las actividades anteriores, el negocio del vestido y de las telas es sumamente noble, pues como ya dijimos todos tenemos la necesidad de andar vestidos, pero hay de telas a telas y de vestimentas a vestimentas, de acuerdo a la ocasión y del poder adquisitivo de cada quien; por lo tanto, lo único que tienes que definir es a qué tipo de nicho de mercado quieres atender, como: el mercado de la ropa juvenil, casual, vestidos de fiesta para dama y/o jovencitas, ropa de mezclilla, de gabardina, pantalones o chamarras, ropa deportiva o tal vez ropa muy barata para personas de escasos recursos, etc.

Este mercado es sumamente versátil, ya que va de acuerdo a las edades de los clientes, a la moda, a la capacidad económica, al gusto en tallas, en colores, en estilos, en tipos de tela como: gabardina, mezclilla, poliéster, algodón, casimir, terciopelos, mezclas 80/20 de poliéster algodón, poliéster rayón, etc.

También definir si es que serán chamarras y/o pantalones, de dama o de caballero, de vestir o ropa casual, baratos, de precio medio, finos o de mayor precio como prendas de marca.

Una vez que ya tengas definido a cuál o cuáles mercados vas a atender, entonces el siguiente paso será buscar a tus proveedores y la mayoría de éstos se encuentran en el primer cuadro de la ciudad de México, sobre todo en las calles de Correo Mayor, 20 de noviembre, José Ma. Izazaga, Fray Servando Teresa de Mier, en la calle de Uruguay o 5 de febrero; también los podrás encontrar en el directorio telefónico de la ciudad de México, así como también por Internet.

Esta industria casi siempre ha estado en manos de Judíos y Árabes en México, quienes son muy buenos para negociar, es por eso que algunos te podrán dar mercancía a consignación y también te podrán ofrecer saldos de todo tipo, como puede ser ropa interior, tanto de dama como de caballeros, así como ropa de vestir, los saldos se deben a que las fábricas ya no tienen ni todos los colores ni todas las tallas de algún modelo, es por eso que los castigan hasta en un 70% de su precio real y puedes encontrar prendas que les podrás sacar mucho provecho con tus clientes.

Cuando ya tengas la lista de los posibles proveedores que visitarás, deberás entrevistarte personalmente con los dueños de las fábricas para que hagas una buena negociación, pues el que sabe comprar sabe vender, los buenos negocios se hacen cuando las compras están bien realizadas para que te dejen buena utilidad, pues si compras barato venderás barato y si compras caro es difícil realizar la mercancía con buena utilidad.

Existen diferentes formas de vender la ropa, una de ellas es seleccionar poblaciones lejanas a las ciudades en donde ya existan comercios de mayoreo y llevar una camioneta llena de diferentes prendas, estacionarse en algún lugar céntrico de la población en donde pasa la gente, abrir las puertas de la camioneta y colgar las prendas con los precios a la vista, siempre dispuesto a bajar el precio porque seguro existirá el famoso regateo.

Casi estoy seguro que llegara alguna patrulla para evitar que vendas tu mercancía, eso ya dependerá de tí por la manera que los sepas convencer de que estás haciendo un trabajo honrado.

Si no tienes camioneta no te preocupes, puedes rentar una panel chica con puertas grandes laterales, y cuando ya te quede chica entonces rentarás una panel grande, hasta que ahorres lo necesario para que te compres una nueva o usada pero en muy buenas condiciones, tanto mecánicas como de presentación, pues recuerda que como te ven te trataran y los pagos los harás de tus utilidades de la ropa que vayas a vender.

Deberás llegar muy temprano al lugar en donde vas a vender, es importante poner un micrófono con alta voz para anunciar las prendas con los precios, para que se te junte mucha gente, procura hacer rebajas en público como si fuera una subasta, esto nunca falla pues la gente se contagia de tu entusiasmo y empezarán a pugnar por las prendas, y te dirán "oiga señor, yo se la pedí primero no sea malo véndamela a mi"; no importa que algunas veces tengas que vender al costo, esto te acarreará más clientela y así se empezará a correr la voz y ya te estarán esperando cada vez que regreses, lo cual puede ser cada 15 o 30 dias como te acomode volver, de acuerdo a las rutas que ya empieces a tener establecidas y trata siempre de regresar a tu casa lo más tarde posible, con la camioneta vacía.

Te quedarás sorprendido de lo bien que se venden los cortes de tela para hacer vestidos de dama, o niña, para fundas y sabanas etc.; las señoras se las arrebatan y nada más que ya te conozcan, deberás llevar las prendas de acuerdo al tipo de mercado al que vas a atender, es decir, si es venta de camioneta como la que acabamos de describir, entonces debes de tener cuidado de ofrecer ropa barata, ahora, si ofreces las prendas a negocios establecidos, entonces las escogerás de acuerdo al rumbo en donde se encuentren estos negocios y deberás ofrecer prendas de mejor calidad.

También puede existir la posibilidad de poner botaderos de ropa de diferentes tipos en los mercados sobre ruedas, ya que la mayoría de los puestos de éstos, la venden en ganchos y la tienen colgada, es por eso que esta idea puede ser innovadora, pues a la gente le gusta amontonarse en los botaderos para escoger todo lo que necesitan, estos botaderos pueden tener prendas de ropa interior, otros de chamarras, pantalones, suéteres ropa juvenil o deportiva, vestidos de dama y para niña, etc. Se sugiere colocar el mismo precio para todas las prendas de cada uno de los botaderos, así no tendrás que estarle diciendo a los clientes el precio de cada una que ellos escojan.

Para este tipo de venta es muy conveniente que te hagas acompañar de una o dos personas que te ayudarán a colocar y retirar los botaderos, así como para cobrar y vigilar que no te vayan a robar, pues hay gente que tratará de distraerte mientras otras se roban las prendas.

CAPITULO IV

❖ *"Sustento"*

El negocio de la comida, que siempre será negocio, ¿Por qué unos triunfan y otros no?, esto se debe a múltiples y variados factores, tales como el tipo de comida que se comercialice, el lugar en donde se instale el negocio, la comodidad o decoración del lugar que no tenga problemas de tránsito, que el rumbo sea agradable y nada peligroso, como para acudir con la familia, que el precio sea accesible, que la comida sea muy sabrosa a diferencia de otras partes.

➢ **Tacos**

En caso de que sea un lugar de venta de tacos, lo que la experiencia nos confirma es que el lugar debe de estar muy limpio, con focos para ver mejor y para que llame la atención de los que pasen por ahí, que no tenga sillas ni mesas, para que los clientes no tengan donde sentarse, ya que los lugares con mesas venden menos que los que no las tienen, pues a los mexicanos nos gusta comer los taquitos parados y que nos escurra la salsa; de otra manera, se pierde el encanto de comer típicamente el taco, que las salsas estén muy sabrosas y que sean de diferentes chiles y colores, así como un refrigerador o un lugar con hielos en donde estén los refrescos de las marcas más vendibles, como la coca cola, el sidral Mundet, la Mundet blanca, la Mundet roja, el orange crush etc.

Que los tacos los sirvan varias personas en platos desechables y que lleven la cuenta de los que vayan pidiendo los clientes, los empleados deberán tener un gorro blanco, un delantal blanco, sus manos muy limpias y lavárselas continuamente. Una de las cosas muy importantes en este tipo de negocio es el carácter de los que atiendan a los clientes, que siempre estén de buen humor y si se puede que sean bromistas, y que tengan experiencia en manejar los utensilios de corte para evitar accidentes con las manos.

Existen tacos al Pastor con su piña, bistec, chuleta, suadero, cabeza, de longaniza, de carnitas de puerco etc, ¿Cuáles son los que más se venden? Nos hemos dado cuenta que eso depende del rumbo en donde esté instalado el negocio. Supongamos que se instaló en la Colonia Condesa, entonces los que más se venderán serán los de bistec, al pastor y chuleta; otro se instaló en la Av. San Cosme, ahí tendrán más éxito los taquitos de cabeza, longaniza, suadero y tripas. Otro se instaló en Ciudad Satélite, ahí, los que tendrán más éxito serán los de al pastor, bistec al chile y chuleta todos ellos con cebollitas de cambray a las brasas.

✓ **Servicio a domicilio y/o salones de fiesta**

Existe otro buen negocio relacionado con la comida, como lo es el servicio a domicilio, ya sea para reuniones o para fiestas, ya que recuerden que estamos en México y aquí la gente a veces no tendrá para algunas otras cosas, pero para fiestas ¡claro que sí tiene ¡¿Por qué? Porque así somos los mexicanos y así seguiremos siendo, pues no se requiere ser muy bueno en mercadotecnia como para saber que éste es un buen negocio, solo basta con ver que siempre están rentados los salones de fiestas.

Fuimos a verificar antes de escribir el libro, hicimos un recorrido a 10 lugares diferentes, como salones de fiestas, jardines que rentan para colocar carpas en eventos sociales como son las primeras comuniones, quince años, bodas, bodas de plata, de Oro, santos, cumpleaños, bautizos etc. Tratamos de apartar una fecha cercana que fuera viernes o sábado para un evento de 200 personas, algunos nos dijeron que tenían hasta dentro de 2 meses, otros que les llamáramos la próxima semana, a ver si hubiera alguna cancelación, pero que lo más seguro seria hasta dentro de 12 semanas, la fecha más cercana que nos podían dar eran 30 días.

Con esto, se podrán dar cuenta del tamaño que puede llegar a ser este negocio, pues lo que se tiene que hacer para iniciarlo es tener una cocina con estufa y horno, así como unas tablas que te sirvan de mesa, ollas para cocinar y tus utensilios de cocina que normalmente debes de tener en tu casa, colocar un anuncio en el periódico de la localidad, esperar las llamadas de la clientela, así como elaborar una buena estrategia de ventas, tal vez visitar al cliente antes de su evento para darle a escoger el menú, ya que tratarlo sólo por teléfono puede ser una relación fría y esto se presta que tus competidores sí lo hagan y te puedan ganar al cliente.

Al llegar a un acuerdo con tu cliente, le prepararás el presupuesto, en el que deberán de ir perfectamente claras las condiciones de venta, tales como el precio del menú que escogió.

La forma de pago: se sugiere el 60% de anticipo y 40% a la entrega de los alimentos, la fecha del evento y la fecha para recoger los utensilios propiedad de tu negocio.

Lo que es muy solicitado es el servicio de tacos a domicilio, en donde puedes ofrecer las famosas gringas, elaboradas a base de dos tortillas sin doblar como si fuera una sincronizada, nada más que ésta lleva en el centro la carne al pastor, así como una buena porción de queso, que al momento de ponerla en el comal o en las brazas éste se derrite y combinado con su salsa es una delicia, así como también las quesadillas de queso auténtico de Oaxaca, los tacos de bistec y de chuleta.

Como este servicio se proporciona dentro de las casas particulares, deberás tener personal entrenado y educado, limpio y bien presentado, que sepa atender a los clientes; el servicio deberá de llegar con el suficiente tiempo antes de la hora en que se vayan a servir los alimentos, ya que tendrán que colocar las cosas en un lugar adecuado y empezar a calentar las brazas o colocar la estufa y/o parrilla con el tanque de gas junto a un lugar en donde esté cerca un lavadero, fregadero, o llave con agua para lavar.

✓ **Tacos de Canasta**

Esta actividad se inició hace muchos años en el centro de la Cuidad de México, se instalaban personas con un triple de madera, en donde colocaban su canasta llena de tacos de diferentes guisados, los había de chicharrón prensado, frijoles, papa, pollo en mole verde, pollo en mole rojo, etc.

Después fueron retirados de la vía pública y ubicados en diferentes calles del centro histórico, en pequeños locales de 1.5 M ^{2} c/u, siguiendo con el mismo éxito, pues ¿A quién no le va a caer bien hacer un paro en el camino?, para comerse unos ricos taquitos de canasta y un refresco y matar un poco el hambre antes de llegar a la casa.

Desde hace muchos años existen los tacos de canasta, pero últimamente era difícil encontrarlos fuera del centro histórico, además con la limpieza que se requiere y con la receta original, tanto de presentación como de sabor, hasta que a alguien se le ocurrió volver a ponerlos de moda, ahora están afuera de algunas tiendas OXO y también en varias gasolineras, el negocio se llama tacos de canasta **"La Abuela"** (Los mejores de México).

Estos puestos están adaptados con mucha sencillez, pintados de color blanco, tienen un pequeño mostrador en donde colocan la canasta de mimbre con un mantel de tela de cuadritos rojos y cuadritos blancos que cubren toda la canasta, dándole una agradable apariencia y dos recipientes de plástico para las salsas, en la parte alta del puestecito tienen un letrero con el lista de tacos de canasta **"La Abuela"**, con dos figuras de abuelitas de cada lado de la palabra **"La Abuela"**, en la parte alta del lado izquierdo y en del derecho del puestecito cuelgan dos letreros hechos en computadora, con la lista de los tacos, por ejemplo dice: FRIJOL-COCHINITA PIBIL-.EN SALSA VERDE-PAPA-PRENSADO-TERNERA-TINGA DE POLLO.

La canasta llega con 50 tacos surtidos y los venden a $ 6.00 c/u, la persona que lo atiende es una señora de la tercera edad con su cabeza blanca, tiene un gorro de tela sobre su cabeza, como los que usan los chefs pero más chico, un delantal blanco, usa guantes de hule para despachar los taquitos, no recibe dinero, ya que el cliente tiene primero que pagar en la caja de la tienda OXO y se le despacha a cambio del tiquet, el refresco también lo compra el cliente dentro de la tienda.

Los encargados reparten a los clientes volantes de ¼ de página hechos en computadora, en donde anuncian los taquitos de canasta **"La Abuela"** para fiestas o reuniones, lo cual quiere decir que también los entregan a domicilio.

El dueño de este negocio, lo tiene bien estudiado y estructurado, ya que debe de tener un contrato o arreglo con las tiendas OXO, las cuales tengo entendido son franquicias, lo cual quiere decir que esos arreglos deben de ser cada una por separado, pues los dueños de las tiendas OXO y de las gasolineras no son los mismos.

Este dato se menciona en este libro simplemente como un ejemplo de que las cosas si se pueden hacer, tal vez este señor inicio el negocio con una sola canasta y luego le fue dando forma a su negocio para hacerlo crecer, al grado de que él ya no está en ninguno de los puntos de venta, sino tiene empleados que los atienden.

La infraestructura con la que ya debe de contar este negocio, tiene que ser adecuada a sus actuales necesidades, ya que surten diariamente en coche las canastas con tacos a cada uno de sus puntos de venta, debe de darle una comisión a los encargados de los puestos y a los dueños de las gasolineras y tiendas OXO, y entregan a domicilio con vehículo.

Este negocio se menciona para que saques tus propias conclusiones y pienses ¡tal vez! en algún negocio similar, que al principio como todos los negocios, puedas empezar sin mucho dinero, pero sí con mucha imaginación, pensando siempre en hacerlo crecer y tener en poco tiempo, empleados que ya trabajen para ti, como los tiene el dueño de los taquitos de canasta **"La Abuela"**

➤ **Banquetes a domicilio**

La Sra. Carolina de la Parra y su esposo, el Arq. Joaquín Mendoza Espíndola, es un ejemplar matrimonio amigos nuestros desde antes que iniciaran su negocio de banquetes a domicilio, vivían en la calle de Amores en la Col. Del Valle de la Ciudad de México, ellos estaban catalogados como personas de la clase media, económicamente hablando, ella guisaba estupendamente bien la alta cocina, lo mismo hacia platillos Italianos como franceses, lo mismo de la cocina fina mexicana, barras de ensaladas de primera, ella misma elabora los aderezos para las ensaladas, platillos muy variados de la comida Arabe, panecillos hechos en casa, riquísimos y sofisticados postres tanto Arabes como pasteles de diferente tamaños y sabores, de tres y cuatro leches, panques en barra, bísquets, etc.

Una de las veces que nos invitaron a comer a su casa para festejar el cumpleaños de Joaquín, Carolina nos sorprendía como siempre con nuevos y diferentes platillos, todos ellos riquísimos, no podía dejar pasar esta oportunidad para seguir motivándola y animándola para que abriera su propio negocio de banquetes para eventos sociales, con entrega a domicilio.

Modestamente siempre decía que le faltaba mucho por aprender y que no creía que sus comidas fueran a tener éxito como para banquetes, todos sus invitados la convencimos de lo contrario metiéndole en la cabeza que estaba equivocada y que estaba dejando pasar una gran oportunidad, pues que al contrario de lo que pensaba, estábamos seguros que le iba a ir muy bien si lo intentaba.

Carolina creía que no podría competir con gente que estaba en ese negocio y que ya gozaban de un nivel y prestigio profesional y que para ese tipo de negocio sólo lo podrían hacer grandes cocineras, con estudios de Chef a nivel internacional.

Después de que se fueron todos sus invitados, mi esposa y yo nos quedamos a platicar con ella y con Joaquín, quien también se dedicó a ayudarnos a convencerla diciéndole que no tuviera miedo que él también la ayudaría, pues no estaba sola.

Por lo primero que empezamos fue por despejarle incógnitas para que iniciara el negocio, dándole forma

Primero: elaborarás varios menús que en un principio ofrecerás a tus clientes

Segundo: colocarás bancos y tablas de madera formando una o dos mesas lo más grandes que te permita el espacio de tu casa, usarás los mismos utensilios de cocina que tienes para elaborar tus alimentos, mientras vas comprando otros que vayas necesitando, pero esto el mismo negocio te lo irá pidiendo.

Tercero: ocuparás tu propia cocina, estufa y horno de tu casa, para preparar los platillos.

Cuarto: consultarás el directorio telefónico y/o Internet para solicitar 3 o 4 presupuestos a diferentes empresas establecidas, que te los manden por correo electrónico, esto es con el objeto de que te des cuenta de cómo los presentan, ¿que ofrecen? para que analices las comidas los platillos y sobre todo los precios y así vayas haciendo tus propios menús.

Quinto: colocarás un anuncio en el periódico de tu localidad y en los grandes diarios de México, tales como El Universal, El Excélsior, El Reforma, etc.
Para iniciarte selecciona solo uno de ellos, como El Universal y después cuando crezcas te podrás anunciar en todos ellos.

En el presupuesto que le presentes a tus futuros clientes, pedirás el 60% de anticipo, el cual lo debes de recibir con anticipación a la fecha del evento, siempre cubriéndote con plazos mayores para darte buen tiempo de comprar todo lo necesario para poder elaborar los platillos; con este anticipo te alcanzara perfectamente para pagarle a tus ayudantes y el abasto de los alimentos, el resto del valor del presupuesto, te lo deberán de pagar contra la entrega de los alimentos ya preparados el día del evento.

Recuerda que entre más barato compres tus abastos y materias primas, mayor será tu utilidad, es por eso que tus compras de latería, botellas, lácteos, etc. las deberás hacer en lugares como las tiendas Sams o Cosco, pues éstas fueron ideadas precisamente para beneficiar a los pequeños empresarios, ahí te venden los productos empacados con cantidades variadas como por ejemplo te encuentras varios tamaños de mayonesa, aceite de cártamo, aceite de oliva, diferentes tipos de queso, todos éstos en empaques de diferentes cantidades, asimismo, ocurre con todo lo demás que te los ofrecen en paquetes de 3, 6 o 12 piezas, esto lo debes saber aprovechar, ya que los precios son más económicos, mientras más grande es el paquete que compres.

Ahora, por lo que se refiere a todo lo verde como son: las verduras, legumbres, hortalizas, vegetales, etc. éstas las podrás comprar en el lugar que más te acomode, pues ya no es muy conveniente acudir al mercado de la central de abastos, ya que tal vez te cause incomodidad por las distancias, además todo esto lo puedes conseguir en muy buenas condiciones y buena calidad en los supermercados, y según nuestra experiencia el que mejor surtido, frescura y variedad ofrece, es Wal-Mart.

Deberás tener cuidado con tus costos, vigila que todo lo que inviertas para un evento deberá de ser menor al 50% del valor total del presupuesto y así cuidarás las utilidades del negocio, las cuales serán de un 50% como mínimo para que sea negocio.

Notamos a Carolina ya desesperada de llevar una vida tan plana y sin ningún aliciente, pues ninguno de los dos tenia coche, pocas veces salían de vacaciones, él era arquitecto, pero de esos profesionistas que nunca le fue bien en su profesión, Carolina era una mujer de carácter y en esa misma tarde tomó la decisión y le comunicó a Joaquín que ya estaba resuelta a emprender el negocio de **Banquetes a domicilio,** pero que le pedía todo su apoyo, Joaquín acepto y empezaron a trabajar.

Después de mucho tiempo nos volvimos a reunir con ellos y cuál sería nuestra sorpresa que nos invitaron a su nueva casa que habían comprado en el pedregal de San Ángel en el sur de la ciudad de México, tenía un jardín muy grande, en el garaje dos camionetas del año, nos dieron un recorrido por toda su propiedad hasta que llegamos a un salón que estaba perfectamente acondicionado para la elaboración de sus banquetes, en ese momento pudimos constatar que su personal estaba acabando de preparar un banquete para 350 personas para una gran fiesta de un político, que también vivía en el pedregal de San Ángel.

Joaquín nos hizo pasar a la sala, nos invito un aperitivo y antes de comer y nos platicó que gracias al empujón que les habíamos dado hace 3 años, la vida les había cambiado rotundamente, pues nos dijeron que les ayudamos a salir del letargo en el que se encontraban y Joaquín comento que él nunca había imaginado todo lo valiosa que era su mujer.

Carolina nos explicó que ya iba a empezar a viajar a diferentes partes del mundo, como Italia, Francia y New york para traer nuevas ideas de platillos para elaborar sus menús.

Con el ejemplo de este matrimonio, queda de manifiesto que nadie sabe de lo que es capaz y de lo que puede hacer, hasta que se anima a descubrirlo, ¿Cómo? Intentándolo

➢ **Pan a domicilio**

Hasta que me animé a renunciar a la empresa en la que prestaba mis servicios como agente de ventas, pude constatar realmente de lo que era capaz de hacer solo.

Esta idea me surgió cuando mi esposa me asignó la tarea de que todas las noches antes de llegar a la casa le trajera el pan, ya que no había panaderías cerca de la casa y el único lugar era un supermercado, que su pan dejaba mucho que desear, pues los bolillos y las teleras no tenían la consistencia de las verdaderas panaderías de los españoles, quienes realmente fueron los que trajeron a México la forma de hacer buen pan, además la mayoría de los vecinos se quejaban de lo mismo pues muchos salían muy tarde de trabajar y ya no les daba tiempo para comprar el pan que les encargaban sus esposas.

Un día les pregunté que ¿Si les llegaran a vender el pan a la puerta de sus casa lo comparárían? y la respuesta de todos fue ¡claro que sí!.

Se me ocurrió vender un cochecito que tenia de cinco años de antigüedad marca taunus,de la Ford, el cual se encontraba en muy buenas condiciones tanto físicas como mecánicas, con ese dinero compré a crédito dos camionetas panel marca Volkswagen, estas camionetas las mandé acondicionar, adaptándoles en la parte de adentro unas repisas de madera en forma de anaqueles sobre sus costados laterales, pintando todo el interior de color blanco para dar una mejor imagen de limpieza e higiene y en el exterior de azul claro con una franja blanca al rededor, precisamente sobre una moldura que estas camionetas tienen.

Al principio del negocio, enumeré las camionetas asignándole a una de ellas el numero 4 y a la otra el numero 8, esto fue con el objeto de que la clientela creyera que teníamos una flotilla por lo menos de 8 unidades y que no se imaginaran que era un changarrito repartiendo pan.

En la calle de Camelia en la Colonia Guerrero de la Ciudad de México, les mandé instalar un claxon ronco en forma de corneta de color negro, se colocó en la parte alta del techo cerca del parabrisas, sobresaliendo hacia adelante, tal y como las usan los tráiler, las camionetas tenían el nombre de la panadería "El Molinito" para darle más seriedad y además le servía de publicidad a la panadería.

El pan lo compraba en la panificadora el Molinito ubicada en el corazón de la población del Molinito en San Esteban Estado de México, esta panadería era la clásica atendida por Españoles, son de esas panaderías que cuando te vas acercando a ellas te llega el olor muy sabroso del pan que se está horneando; el éxito de este tipo de pan es que es de tahona, pues su hornos son de ladrillo y eso hace que el pan sepa mucho más sabroso, además el pan blanco tiene la forma de un verdadero bolillo y de una verdadera telera y no como el pan de los supermercados que son unas bolas bofas sin sabor y además muy chiclosas, al grado que no se pueden hacer con ellos unas buenas tortas, pues se desmoronan y se deforman y cuando se logra hacer una torta con ellos, a la hora de la mordida se hace como chicloso teniendo cuidado que no esté otra persona cerca del que se la está comiendo, pues le podría dar un golpe, cuando logre darle la mordida y jale su brazo.

El pan de dulce estaba bien hecho, de buen tamaño y además de muy buen sabor todas las piezas como las chilindrinas, corbatas, cuernos, gendarmes, conchas, cocoles, bollitos, hojaldras, etc., todos ellos los compraba a 0.15 centavos y los vendía a 0.30 centavos, lo que no ocurre con el pan blanco, ya que a éste se le tenía que respetar el precio de 0.10 centavos puesto por el gobierno y lo vendía en lo mismo, con este pan no se hace negocio, pero se debe de traer en la camioneta para dar servicio. Las personas que no comparaban pan de dulce no les vendían pan blanco y poco a poco la clientela se fue acostumbrando.

Cuando acabé de pagar las dos primeras camionetas pude comprar otras dos y les pusimos el número 10 y 12, con ellas ya podíamos abarcar más territorio, pues la gente ya nos estaba llamando de otras colonias para que les diéramos el servicio.

De esta manera estuve trabajando por varios años, pero además de pan también llevábamos huevo, gelatinas y pan molido, éste lo hacíamos con el pan blanco que se nos quedaba sin vender y una vez que ya estaba duro lo molíamos y lo envasábamos en bolsitas de hule.

En la mañana cargábamos $400.00 de pan en la panadería El Molinito, en cada una de las camionetas y por las noches teníamos que tener las camionetas vacías y $800.00 de venta de cada una; es decir, las utilidades de $400.00 diarios de cuatro camionetas, por 30 días del mes dejaban una utilidad de $48,000.00 mensuales, más $10,000.00 del huevo pan molido y gelatinas, todo ello hacia un total de $ 58,000.00 (CINCUENTA Y OCHO MIL 00/100M.N.)

Al principio yo manejaba una camioneta y otra un chofer que alquilé, posteriormente fueron cuatro choferes y yo me encargaba de la administración y negociaciones con la panadería.

Con las utilidades de este negocio compré mi casa en el fracciona-miento de Ciudad Satélite, en Naucalpan, Estado de México, además de cubrir todos los gastos de la casa, las colegiaturas de mis hijas, vacaciones a diferentes partes del país, como a la Paz Baja California, a los cabos, Mazatlán, Acapulco y casi todo el bajío, compré dos carros uno para mi esposa y el otro para mí.

Para poder iniciar este negocio, es indispensable tener por lo menos una camioneta panel, ya que será la herramienta principal para llevar a vender el pan, en caso de no tenerla y poseer un automóvil, es aconsejable venderlo y comprar una usada en buenas condiciones, mandarla acondicionar tal y como se indica en el ejemplo anterior, ahora para tener un buen pan, es aconsejable buscar una buena panadería con horno de ladrillos, pues el pan sabe completamente diferente al pan que venden los supermercados, llegar a un buen arreglo con el propietario aclarándole que le llagarás a comprar diariamente una buena cantidad de dinero y ésta será en forma ascendente, a medida en que te vayan conociendo clientes y vayas abriendo nuevas rutas.

Para fijar tus itinerarios te sugiero que selecciones algunos fraccionamientos que no tengan panaderías, o aunque las haya en el supermercado, pues existen personas que no quisieran sacar el coche para ir comprar el pan, de eso ya están cansadas, pues existe una gran cantidad de clientes que prefieren quedarse sin el pan, a tener que sufrir todas las incomodidades al salir de la casa, sacar el coche, gastar gasolina y además tener que pagar estacionamiento, si sumamos todos estos gastos e inconvenientes, aunados a que el pan es de muy mala calidad en los supermercados, entonces el cliente siempre te preferirá a ti.

Es muy importante instalarle a las camionetas un claxon raro como ronco, que las identifique cuando vayan llegando, para que los clientes sepan que ya se está acercando el pan y salgan con su bolsa, charola u panera en donde tu les despaches, siempre con unas pinzas, con guantes, tapa bocas y si es posible también con una bata blanca.

Al principio me daba algo de pena pasar con mi camioneta cerca de mi casa, pero en muy poco tiempo se me quitó y eso fue cuando empecé a constatar que mi servicio era muy bien recibido y que la gente salía con mucho gusto a comprarme, algunos me gritaban desde la ventana, señor por favor déjeme $10.00 pesos de pan de dulce surtidito, ahorita sale la muchacha, otros en ciertas calles se formaban para ser atendídos y quiero decirles que ya existían dos supermercados en donde vendían pan, pero la gente prefería mi servicio.

> **Dulces**

Este negocio bien manejado deja muy buen dinero, la idea es hacer un trato de consignación, con expendios mayoristas de dulce de los cuales existen una gran cantidad de ellos en México, tanto en el mercado de la merced, en el primer cuadro de la Ciudad de México, como en el mercado de Sonora y en todos los mercados importantes que hay.

Escoger de toda la existencia que ellos tienen, los dulces que más se vendan entre los niños, ya que los hay de paletas con chile, con chicle, dulce de tamarindo empaquetado con chile, botellitas rellenas a agridulce, etc.

Aquí lo conveniente es hacer un sondeo en las misceláneas y preguntarle al dueño ¿cuál de ellos, son los que más se venden? esto es para ir más a la segura y comprar los que les gustan a los niños, pues en este mercado los dulces están en constante cambio, ya que los fabricantes frecuentemente están tratando de sorprender a los niños con una serie de novedades, es por eso que uno tiene que estar al día, para ofrecerle a las misceláneas de los pueblitos cercanos al Distrito Federal los dulces más llamativos y vendibles para que a la vuelta de 15 o 30 días que regreses le vuelvas a resurtir y te compren además las novedades que hayan salido.

Para desarrollar bien este negocio es conveniente contar con un carrito y te puedas desplazar a las poblaciones cercanas a la ciudad y visitar los puestos establecidos así como las misceláneas a las que acuden siempre los niños a comprar sus golosinas.

Una vez que tengas varios meses de estar haciendo esta rutina te podrás dar cuenta que vas logrando hacer un negocio con ingresos fijos y seguros, pues tu clientela te estará esperando para que les resurtas, pues verán en ti a un proveedor importante, que les ahorrara el viaje a ellos para tener que surtirse, pues muchos de ellos por no tener los medios o el tiempo para ir de compras deja de tener los dulces en su tienda y por lo consiguiente deja de vender y de ganar, es por eso que te puedes hacer indispensable y con una venta segura cada vez que los visites.

Tendrás que hacer un itinerario de las poblaciones que visitarás, para que cubras todo el mes y al inicio de cada mes empieces en el pueblo **"Y"** termines en el pueblo **"X"** y ya verás que siendo metódico vas forjando un buen negocio que te dará muchas satisfacciones económicas y sobre todo ingresos seguros.

> **Medicamentos que no requieren receta medica**

Existe una serie de medicamentos que prácticamente se venden solos y que no requieren de receta médica, estos medicamentos ya son del dominio público y la gente sabe muy bien como tomárselos, es decir no se tiene la responsabilidad de un mal uso de ellos, pues así se venden desde hace mucho tiempo y se seguirán vendiendo de la misma forma.

Solamente que aquí te voy a decir cómo hacerlo, para que sea un buen negocio para tí y un buen servicio para tus clientes.

Los medicamentos a los que me refiero son todos aquellos que de alguna manera se anuncian en todos lados, como en la televisión, el periódico y en toda clase de revistas, ahí te puedes encontrar Alka Seltzer, Cafiaspirina, iodex, bengue, Aspirina, Sal de Uvas Picot, Desenfriolitos, Mejoralitos, Desenfriol para adultos, condones, Omeprazol, Redoxon, Tempra, Curitas, Gasas,Tela Adhesiva, Agua Oxigenada, Alcohol, peptobismol, jeringas desechables, Mertriolate, Algodón, Reumofan, Vaporub, Pomada de la Campana, Árnica en pomada, Termorub, Vitacilina, XL3, etc.

Estos medicamentos, los compras por caja en donde más te convenga, ya que ahora también los venden en las tiendas Sams y Cosco, en paquetes con 6,

12 y 24 piezas, pero también tienes que comparar los precios con los grandes mayoristas y comprarlos donde más te convenga.

Después se los ofrecerás a todos tus clientes de las misceláneas a las que les vendes los dulces, para que ellas los puedan vender sueltos, o sea por piezas sueltas sin que tu cliente tenga que comprar toda la caja, no te imaginas, de lo bien que te puede ir con este tipo de ideas, pues la mayoría de la gente de pocos recursos consume estos medicamentos sueltos, es decir, la gente pide 2 Cafiaspirinas, o 1 Alka Seltzer, 2 Mejorales, etc. los precios que ellos den tú se los puedes sugerir ¿Cómo? muy fácil, supongamos que la caja tiene 24 pastillas y tu se la vendiste a $25.00 entonces lo que tienes que hacer es dividir la cantidad de pastillas por el precio de la caja y obtendrás el precio de la pastilla, que en este caso es de $1.04 por lo tanto, ellos lo deberán de vender a lo doble o sean $2.10 cada una y así sucesivamente cada uno de los medicamentos.

Cuando vayas haciendo tu cartera de clientes y sepan que además de los dulces que les vendes, también les puedes surtir los medicamentos, ya verás cómo te convertirás en poco tiempo como uno de sus proveedores indispensables, pues les estás vendiendo artículos de primera necesidad, sin ninguna clase de dificultad que les tengas que explicar para que sirve cada uno de ellos, pues seguros estamos que todos los conocen, pues son del dominio público, lo cual para tí es muy bueno, pues ya no tienes que estar batallando para meter al mercado algo desconocido sino todo lo contrario, son artículos y medicamentos de primera necesidad y conocidos por todos.

Es inexplicable como existan personas con una carrera universitaria terminada y algunos inclusive con algún doctorado y por no conseguir un empleo, se metan de taxistas o en otra actividad sin futuro.

No mi querido lector, aquí de lo que se trata es de formarse un futuro sólido con tu propio negocio en el ramo que ya hayas escogido y prácticamente sin invertir dinero, de los que aquí se mencionan o de algún otro que tengas en mente y sepas que será productivo, que le tengas fe y estés decidido a dedicarle todo el tiempo que se requiera para hacerlo florecer.

➢ **Servicio de comedor a fabricas**

La mayoría de las fábricas tienen el problema de la comida de sus empleados, ya que si no les prestan el servicio de comida y comedor, lo que pasa es que baja mucho la productividad, al dejar salir al personal a la calle para que coman, siempre están diciendo que la comida es muy cara y que ya no les alcanza lo que ganan, pues muchos dicen que solo están trabajando para pagar su comida, ahora, salir para irse a comer a sus casas, no les alcanza el tiempo para regresar y si alguien lo hace, le llamarán la atención y si reincide, lo pueden hasta despedir.

Por todo lo anterior, es benéfico tanto para la fábrica como para los empleados, tener el servicio de comedor dentro de las instalaciones de su propio trabajo, ya que por un lado al dueño se le resuelve el problema de la productividad, queda bien con sus empleados y por otro lado a los empleados se les ayuda a que gasten menos y a estar con más comodidad atendiendo su trabajo.

Este tipo de negocio es magnífico para un matrimonio, en el que la señora sea muy buena para guisar platillos típicos caseros, tales como sopas de pasta, sopa de arroz, guisados de los que se acostumbra comer todos los días en las casas particulares de la clase media; y que el esposo sea el que se encargue de conseguir los víveres para la cocina, que sea él quien tenga que ir de compras por las verduras, frutas, legumbres y los abarrotes.

Todos estos víveres se pueden adquirir en la central de abasto, en el mercado de Sonora, en el mercado de las Merced, etc. Estos lugares son ideales para comprar siempre y cuando sean cantidades grandes y las latas, frascos de diferentes productos, comprarlos en las tiendas Sams y/o Cosco, ya que en ellas los precios son más bajos pues venden en paquetes de 3, 6, 12 o 24 piezas.

Comprar barato, te permitirá vender barato y cuida siempre tu margen de utilidad, te sugiero que hagas varios menús con diferentes precios, para eso debes de pensar en hacer algunos de los platillos fuertes con pollo, otros con carne de puerco, otros con carne de res, otros sin carne dando agua de sabores y el refresco se cobrará aparte.

Cuando ya tengas varios menús con sus precios bien estudiados, escoge del directorio telefónico algunas fábricas y/o edificios de oficinas, de preferencia que queden cerca de tu domicilio, para que te sea más fácil hacer todas tus maniobras, pedirás que te comuniquen con el contador de la empresa, o con el gerente general a quienes les ofrecerás el servicio de comedor, en caso de que tengan interés pedirás una cita en la que te llevaras los menús con sus precios.

Uno de los requisitos que debes de pedir, es que tienen que tener una cocina con estufa, horno y todos sus utensilios, así como comedor, vajillas, cubiertos, manteles etc, deberás dejar muy claro en el contrato el tiempo del mismo, así como la cantidad que te adelantaran cada quincena o mes de acuerdo al arreglo que hagas, el asunto es de que trabajarás desde el principio con el dinero y el equipo de ellos, para que tu no tengas nada que invertir, más que tu trabajo.

Este negocio puede ser muy noble, pero requiere dedicación y mucha responsabilidad, pues nunca se puede dejar sin servicio el comedor, ya que todos los empleados dependerán de tí para la hora de la comida, es por eso que tienes que tener mucho cuidado con los horarios de comer, los que se tendrán siempre que respetar, de lo contrario podrías perder la concesión.

CAPITULO V

❖ *"Transporte"*

➢ *Vehículos*

Existen una serie de actividades relacionadas con el medio automovilístico para poder hacer n**egocio** con cada una de ellas, y para descubrirlas solo basta hacer un recorrido mental acerca de las piezas y partes que intervienen en la fabricación de los automotores, y así podremos recordar que cuentan con motor, carrocería, vestidura, llantas, rines, focos, pintura, calaveras, micas, redes, tapetes, etc.

Aquí voy a explicarte cómo podrás hacer un buen negocio con una de estas partes, que son las llantas y que las convertiremos en una actividad constante, de primera necesidad para los conductores y lucrativa para ti.

➢ **Vulcanizadora**

No hace mucho aconsejé a Jorge Ramírez Escalante amigo de la juventud, que dicho sea de paso no terminó ninguna carrera universitaria y además estaba quebrado económicamente, con la responsabilidad de haber formado ya una familia que se componía de su esposa y dos hijos.

El hombre estaba desesperado, fue entonces cuando lo invité a tomar un café para exponerle una **idea** que lo pudiera sacar del problema económico en que se encontraba; le dije que abriera una **vulcanizadora** para parchar llantas; cuando noté que se interesó en la **idea** de negocio que le estaba exponiendo, fue cuando entré en más detalles dándole todos los pormenores

En primer lugar surgió la negativa de parte de él indicándome que no tenía dinero para ponerla; le aclaré que no necesitaba dinero, pues son de las **ideas** que sólo las tienes que desarrollar poniéndolas en práctica con trabajo, ingenio e inteligencia.

El hecho de que no hayas estudiado una carrera universitaria no quiere decir que no tengas talento para saber abrirte paso en la vida, pues imagínate ¿Que si sólo los que estudian, fueran los que triunfan? Estarían perdidos los que no lo hicieran, ¡claro¡ que tal vez les cueste un poco más de trabajo a aquéllos que no tengan estudios, pero lo tienen que substituir con inteligencia, persistencia, audacia, constancia, perseverancia y sobre todo trabajo, pero mucho trabajo; respetando y desarrollando siempre sus **ideas** básicas y fundamentales, que son de donde partirá todo lo demás.

> **Socio temporal**

Buscarás un socio temporal que aporte el capital necesario, el cual será de muy poca inversión, ya que los instrumentos de trabajo que se requieren para este negocio, se pueden encontrar muy baratos en el mercado de Tepito, haciéndole la aclaración de que sólo será tu socio por un tiempo determinado, lapso en el cual fijarán una cantidad mensual que a los dos les convenga y que le estarás pagando por concepto del dinero que invirtió, hasta que puedas regresarle íntegra su inversión, ya sea en pagos parciales o todo completo, si es así, tu lo juntarás hasta que lo logres y se lo entregarás, es decir, que en el momento en que le acabes de pagar su aportación dejará de ser tu socio automáticamente; todo esto poniéndolo naturalmente por escrito y firmado por los dos y además dos testigos.

1ª.- Vulcanizadora (Lugar de trabajo)

Buscarás con detenimiento el lugar apropiado para instalarte, que sea en una calle o avenida por donde transite una buena cantidad de vehículos, por donde pasen también camiones, que tenga lugar suficiente para estacionar por lo menos cuatro vehículos o que esté cerca de una calle en donde si se puedan estacionar y puedas hacer bien las maniobras, debiendo ser un local con las medidas necesarias para poder trabajar holgada y cómodamente; instalarás un compresor eléctrico, una mesa de trabajo (principalmente de madera) en la que colocarás una plancha con resistencia eléctrica, para vulcanizar los parches de las llantas, tendrás dos gatos de patín y dos chicos para poder levantar los vehículos al repararle las llantas, herramientas necesarias tales como dos martillos, pinzas, espátulas para desmontar las llantas de los rines, un tambor de lámina de 200 litros partido a la mitad en forma horizontal y colocándolo en un soporte de madera, esto servirá para ponerle agua y poder probar en él las llantas que lleguen a reparación y/o las llantas ya parchadas.

Colocarás afuera del local una llanta de camión lo más grande que encuentres poniéndole un letrero sobre el hule de la llanta con letras blancas, que diga VULCANIZADORA en un lugar en donde lo puedan ver bien todos los automovilistas que pasen por ahí.

➢ Llantas nuevas

Se le explicó que también podrá vender llantas nuevas sin hacer ningna inversión y sin tener al principio llantas en existencia.

Esto se hace de la siguiente manera: tendrás que buscar en el directorio telefónico o en Internet, distribuidores de varias marcas de llantas nuevas a quienes les pedirás un descuento especial, llegando a un arreglo con ellos, en el sentido de que les informes que tienes un negocio de vulcanizadora y que te llegan diariamente clientes queriéndote comprar llantas nuevas, pero tú no las tienes en existencia y que estos clientes se están desaprovechando, por eso le vas a proponer que cuando eso suceda, tú le llamarás por teléfono para que te manden a tu vulcanizadora las llantas que necesites, cuando éstas lleguen, le avisarás a tu cliente para que lleve su coche, le cambies sus llantas viejas por nuevas, le recibas sus gallos buenos(llantas viejas), y con el dinero que este cliente te pague, tú le pagues al distribuidor que te surtió las llantas nuevas y la utilidad restante del precio al que tu compraste, contra el precio al que tu las vendiste, más la mano de obra, esa será la utilidad bruta para ti.

➢ Gallitos

"Ojo" la mayoría de los clientes que lleguen a cambiar llantas viejas por nuevas, te querrán vender sus gallos (así se les llama a las llantas viejas que todavía tienen vida útil) principalmente los taxistas, pero tú no se las compres, solo diles que no compras llantas usadas y que por favor se las lleven, ya que no tienes lugar en donde ponerlas, pero la mayoría te van a suplicar que por favor se las recibas ya que ellos tampoco tienen lugar en sus casas, recuerda que en México tenemos un gran problema ecológico con las llantas viejas; el concejo es que sólo recibas las llantas que todavía tengan vida útil, es decir, que no estén golpeadas, que no se les vean las cuerdas, que no tengan chipotes y sobre todo que tengan buena figura de hule rodante y que no hayan sido vulcanizadas. Estas llantas las vas a recibir, como haciéndoles el gran favor y con la aclaración de que te estorbarán, pero que por tratarse de él se las vas a recibir.

Al terminar el día de trabajo las seleccionarás por medidas y por estado físico en que se encuentren, les asignarás un precio desde $50.00 hasta $500.00 pesos a cada una de ellas, dependiendo del tamaño y del estado en que se encuentren.

Estas llantas las venderás a los clientes que llegarán preguntando ¿Que si no tienes un gallito para su coche? Como te podrás haber dado cuenta, éste será un muy buen negocio para ti, y es adicional a la vulcanizada de las llantas, pues no estás invirtiendo nada de dinero, y si podrás obtener ganancias limpias netas y sobre todo sin ninguna inversión, sólo usando la cabeza (pues ésta Dios nos la dio para pensar y no sólo para peinarnos).

> **Servicio**

Recuerda que al principio serás tú el que maneje el negocio junto con un ayudante, pondrás un letrero que diga que se da servicio las 24 horas los 365 días del año, esto es muy importante pues en horarios nocturnos y días festivos las talachas (así se le dice al parchado o vulcanizado de las llantas en México) se cobran más caras, desde $40.00 a $80.00 dependiendo del tamaño y te las pagarán, ya que no hay más lugares abiertos como el tuyo, repartirás volantes en toda la zona, casa por casa para que todos se enteren del servicio que prestas y sobre todo volantear en los sitios de taxis, bases de microbuses y bases de camiones de carga.

Cuando el negocio ya empiece a dejar después de pagar los gastos fijos, deberás ahorrar los excedentes para ir juntando el dinero del socio, recuerda que entre más rápido le pagues más rápido serás el único dueño, con toda la utilidad para ti solo.

Esto se deberá lograr como máximo en un año, entonces a partir de ese momento, todos los excedentes después de los gastos fijos, incluyendo también lo que le pagabas al socio temporal, deberás ahorrarlos para que en el lapso de 6 meses puedas abrir otra vulcanizadora, esto se hará de la siguiente manera.

2ª.-Vulcanizadora

Primero le ofrecerás el negocio a tu ayudante (la primera vulcanizadora), para que se quede como "dueño" de ella, firmando un contrato con él, en el que quede claro que todo lo que está en el negocio es de tu propiedad y que tú se la estás rentando por una cantidad fija diaria, de acuerdo a las ventas, que para ese entonces tú ya sabrás ¿cuánto está vendiendo al mes?

La 1ª. Vulcanizadora, que por regla general estará vendiendo aproximadamente $1,000.00 diarios, de los cuales a ti te estarán dando $300.00 pesos diarios y tú, ya sin hacer nada, a cambio, le estás dejando un negocio montado con todo lo necesario para su funcionamiento, además ya acreditado, con clientes y proveedores selectos, que todo eso fue logrado por ti, en la inteligencia de que todo lo que exceda en ventas de los $300.00 pesos diarios serán para él, pero tendrá que pagar a sus ayudantes, la renta, el agua, la luz, el teléfono y los impuestos.

Sí logras llevar con disciplina y seriedad este plan, percibirás $300.00 pesos diarios, que multiplicados por 30 del mes, estarás recibiendo $9,000.00 pesos mensuales y él se quedará con $700.00 diarios; por 30 días estará recibiendo $21,000.00 al mes, eso si vendiera sólo $1,000.00 pesos diarios, pero la lógica indica que cada mes deberá de vender más.

Gastos del negocio: al mes

Un ayudante $150.00 diarios por 30 días	4,500.00
Renta l del local	5,000.00
Luz	500.00
Agua $200.00	
Teléfono	500.00
I.M.S.S.	700.00
	$11,400.00
Total de venta	$21,000.00
	$11,400.00
Utilidad para el encargado de la Vulcanizadora	$9,600.00
Utilidad para ti como dueño de la Vulcanizadora	$9,000.00

Colocarás una cláusula aclaratoria en el contrato, en la que se dará por terminado éste automáticamente, en falta de cumplimiento de cualquiera de los cuatro siguientes supuestos:

Primero: al acumulársele 3 días de que no te pague los $300.00 diarios acordados.

Segundo: al acumularse 3 días juntos o salteados de que no abra el negocio por cualquier causa.

Tercero: que no te pague su cuota diaria, de los días que no abrió el negocio.

Cuarto: que no le pague su semana a su ayudante, la luz, el teléfono, la renta o cualquiera de sus gastos fijos y/o llantas nuevas que le haya enviado el proveedor.

> ## 10ª.- Vulcanizadora

Como te podrás haber dado cuenta aquí tenemos el ejemplo de un plan de negocio a corto, a mediano y a largo plazo, o sea que la 1ª.vulcanizadora, será a corto plazo, ahora a mediano plazo será la 5ª vulcanizadora y de esta misma forma, a largo plazo podrás llegar a abrir 10 vulcanizadoras en total, esta será la meta final.

Al lograr lo anterior estarás cobrando $300.00 pesos diarios por cada una de ellas o sean $3,000.00 pesos diarios por las 10 vulcanizadoras abiertas, que multiplicados por 30 días del mes tendrás un ingreso de $90,000.00 pesos mensuales, o sea el sueldo que actualmente tienen sólo algunos altos ejecutivos de ciertos corporativos y tú ¡tal vez! sin haber estudiado ninguna carrera, ni maestría.

Mi amigo Jorge Ramírez Escalante, tomó muy en serio todos los consejos que se le dieron e inmediatamente puso en marcha el plan, y abrió una Vulcanizadora en el año de 1985 en un magnifico lugar, sobre la Av. Gustavo Baz en Naucalpan Estado de México, en un crucero muy transitado junto a una gasolinera., que hasta la fecha permanece abierta, en todo este tiempo (24 en años nunca ha cerrado,) tampoco la ha modernizado pues él dice que así es como le ha dado grandes satisfacciones como las 5 propiedades que tiene, una en la Ciudad de Celaya Guanajuato, otra en la Colonia Nueva Sta., María en la delegación de Azcapotzalco, Distrito Federal, otra en el fraccionamiento las Alamedas en el municipio de Atizapán, Estado de México y otras dos en el Estado de Michoacán, además le dio carrera a sus tres hijos, ha viajado y vivido muy holgadamente.

Estimado lector, como te podrás haber dado cuenta Jorge Ramírez Escalante sólo abrió una vulcanizadora y podemos decir que con sólo ésta ha triunfado gracias al lugar que escogió para abrirla, así como a su tenacidad, constancia y perseverancia. Jorge en un principio se asoció con otra persona que era dueña del terreno en donde se puso el negocio y al pasar el tiempo Jorge le pagó el dinero que invirtió y el terreno, quedándose como único propietario.

Descripción	Cantidad	Precio Unitario	Importe
Renta del local	1	$5,000.00	5,000.00
Compresor	1	$4,000.00	4,000.00
Espátulas	2	$ 250.00	500.00
Mesa de trabajo	1	$800.00	800.00
Plancha Vulcanizadora	1	$1,500.00	1,500.00
Gatos de patin	2	$ 800.00	1,600.00
Gatos chicos	2	$ 500.00	1,000.00
Martillos	3	$ 80.00	240.00
Pinzas	3	$ 100.00	300.00
Tambor de 200 litros	1	$ 50.00	.50.00
Inversión Total			**$14,990.00**

Como te podrás haber dado cuenta, casi todas las ideas de negocio que aquí se exponen, algunas, (las más) no requieren nada de dinero para poder realizarlas; otras, (las menos) requirieren de muy poco dinero y por lo tanto, las unas como las otras, son ideas de negocios comprobados, que sí se pueden realizar, ahora te toca a ti escoger cuál de ellas te gustaría realizar, si escoges las de poca inversión, es porque cuentas con esos recursos o sabrás como conseguirlos, en caso de no ser así, entonces no te quiebres mucho la cabeza y elige cualquiera de las otras, en las que no necesitas dinero, para echarlas a andar y sobre todo elige con la que más te identifiques, de acuerdo a tu carácter, a tu forma de ser y a los conocimientos que tengas, acerca de la que hayas escogido.

Los mexicanos tenemos fama reconocida a nivel mundial, de ser creativos, trabajadores y que sabemos resolver problemas sobre la marcha, ahora es el tiempo de sacar esa casta, que heredamos de nuestros antepasados y demostrarnos a nosotros mismos, que seguimos siendo capaces de comernos el mundo a puñitos, es decir, en circunstancias adversas, siempre el mexicano ha salido adelante por su temperamento alegre cuando se trata de fiesta, pero con seriedad, cuando se trata de trabajo, y nunca jamás hemos dejado que las mortificaciones, y mucho menos económicas nos derrumben.

Sabias que en los Estados Unidos los compradores de automóviles de la marca Ford, prefieren los carros hechos en México, por estar mejores que los producidos en Estados Unidos; eso nos debe de llenar de orgullo y de confianza que cuando nos lo proponemos lo logramos.

Es importante que no mortifiques a tu familia con problemas económicos, qué culpa tiene tu esposa (o) o tus hijos de lo que a tí te está pasando, no se gana nada con atormentar a la familia por este tipo de problemas, recuerda que todo tiene solución menos la muerte, de lo contrario, si no sabes manejar inteligentemente este tipo de situaciones, te pueden acarrear problemas más graves como ¡tal vez! la disolución de un matrimonio, o graves problemas de salud.

La verdad no vale nada la pena ni todo el oro del mundo, a cambio de la familia, pues ellos siempre serán los que estén con nosotros, en las buenas y en las malas y no se merecen que por culpa del dinero, se eche por la borda todo lo que se ha creado con tantos sacrificios a través de los años, porque el dinero va y viene, pero la familia no, si se va, tal vez ya no regrese y entonces si, va a estar más difícil salir del problema sin su apoyo, ya que te quedarás con un sufrimiento doble.

Las personas que sólo piensan en sus problemas, es muy difícil que los puedan solucionar, lo mejor es no pensar en ellos, ya que es basura para nuestra mente, a la mente hay que alimentarla con pensamientos positivos, realistas, creativos, y con planes optimistas, para que la dejes trabajar sin presiones de ninguna especie, en lugar de saturarla de problemas, mejor dale como alimento ideas claras, para que te ayude a darles forma y que éstas a la larga se conviertan en realidades, que te dejarán muchas satisfacciones, tanto personales como económicas, y así, ya estarás en situación más ventajosa para seguir realizando mejores negocios, que son con los que pagarás tus compromisos, que antes te agobiaban.

Consejos Prácticos para Emprendedores que ya leyeron el libro:

- *Ahora,* ya no te lamentes por lo que no tienes y aprovecha lo que sí tienes
- *Ahora,* ¿verdad que ya no le tienes miedo a la crisis?
- *Ahora,* ya no le harás caso a los pesimistas.
- *Ahora,* el pánico será para otros y ya no para ti.
- *Ahora,* ya volverás a ser optimista.
- *Ahora,* que ya leíste el libro, ¿verdad que ya no te dan ganas de juntarte con pesimistas?
- *Ahora,* trata más con gente exitosa y optimista, que te levante el espíritu y la moral.
- *Ahora,* ya tienes muchas opciones de donde escoger
- **AHORA**, empieza *"YA"* el negocio que hayas escogido, el tiempo apremia.

No platiques tus ideas ni tus planes con nadie; cuántas veces escuchamos por ahí quejarse a algunas personas, que dicen, esa idea era mía, pero me la robaron, por andar platicando con quien no debo.

En los negocios no confíes en nadie, no platiques tus secretos, sólo a tu cónyuge, pero siempre y cuando sea una persona discreta, de lo contrario ni a tú cónyuge, ya que un secreto platicado a una sola persona, deja de ser secreto.

Sólo piensa, que sí puedes y podrás hacer todo lo que te propongas, tenemos que ser más agresivos en nuestras dediciones y no claudicar pase lo que pase, sacar la casta y demostrar de qué estamos hechos, pensando siempre que ¡**si otros pudieron!** ¡**Yo también puedo**! ¿Por qué no?

Sé fiel a tus ideas, no las abandones, al contrario, dales forma y no se las platiques a nadie, recuerda que no hay mejor amigo en la vida que un peso en la bolsa, aunque se oiga feo, pero es la verdad y aquí de lo que se trata es de decir la verdad, ya que va de por medio el futuro de mucha gente que pueda leer este libro.

IMPORTANTES.-reflexiones e indicaciones, que debes de tomar en cuenta, al terminar de leer este libro

Deberás hacer una lista de los ramos comerciales o industriales en que puedas hacer negocio, que sientas que son para tí, en función de tu personalidad, de los estudios que hayas realizado, tu edad y sobre todo con el que te sientas más a gusto, pues no hay peor cosa en la vida que dedicarse a alguna actividad que no te guste, y hacerlo a fuerzas no funcionará, esto se debe de tomar con mucha calma para hacer una buena elección, la cual tendrá que ser impulsada muy fuerte por ti, para que en poco tiempo, tengas el éxito que te mereces.

Consideraciones y reflexiones, *que puedes poner en práctica en tu negocio.*

La educación en Japón es **formativa,** más que educativa.

En México se **castiga** a los niños barriendo el patio.

En Japón barrer el patio, es una **obligación.**

La actitud de los mexicanos ante la religión **es pedir.**

La actitud de los japoneses ante la religión **es prometer.**

La meta de los mexicanos es tener dinero, poder, y amor.

La meta de los japoneses es tener honor, dignidad, honestidad y vergüenza.

En Japón siembran un árbol en cada acto importante de sus vidas; cuando nace un hijo, cuando se casan, cuando cumplen años de casado,etc. por eso los protegen, los aman y los cuidan hasta que son árboles adultos.

En Japón, en época de crisis, la gente **trabaja más**, los que ganan $1.00 peso **gastan 80 centavos**.

En México en época de crisis, **despiden a los trabajadores**, y los que ganan $1.00 **gastan $1.20.**

México es nuestro país, aquí nos tocó nacer y vivir, vamos a sacar adelante a México, cambiando nuestras actitudes y maneras negativas de ser.

Formemos empresarios, **no se necesita dinero, para hacer negocios,** otro ejemplo es el del criadero de pericos en Chiapas, que se venden como pan caliente, aquí el chiste es que estos pericos hablan inglés.

Jóvenes, busquen en Internet ¿qué es lo que tiene México en todo su territorio?, ¿qué es lo que le hace falta? y seguro que se te va a despertar el ingenio, algo se te ocurrirá para hacer negocios, poniendo en la práctica lo que aquí leíste.

Cuando los paisanos se van a EUA se llevan siempre lo mismo como subvenir, o sea que son cosas que gustan allá, pero nunca piensan en industrializarlas y verlasde otra manera para hacer negocio.

Lo bueno que México pueda sacar de esta crisis, es la formación de miles de emprendedores y que se convierta todo el país en un capullo, para que dentro de ese capullo se esté haciendo un gran cambio, y que cuando nazca esa mariposa sea mucho mejor y sepamos reflexionar, cuidando nuestros recursos naturales, ahorrar energía eléctrica, agua, teléfono, gas, dinero,etc.

Cuidar el valor del núcleo familiar, gastar menos en todo y hacer entre todos a este país grande y poderoso, para dejárselo a nuestros hijos mejor, mejor de cómo nos lo dejaron a nosotros.

Datos interesantes de Millonarios Norteamericanas que aceptaron "El Reto" y se iniciaron de la nada, sin tener dinero.

Estos visionarios empezaron de la nada, algunos no tenían para comer, hoy tienen millones de empleados en el mundo y salen en las revistas de las personas más ricas del mundo. ¡Conoce a estos personajes!

El fundador de Microsoft, **Bill Gates**, recuperó el lugar de hombre más rico de Estados Unidos, al desplazar al inversionista **Warren Buffett**, tras amasar una fortuna personal de 57 mil millones de dólares, reveló la revista Forbes al hacer pública su lista de las 400 personas más ricas de Estados Unidos.

En tercer lugar se situó **Lawrence Ellison** de la Corporación Oracle con 27 mil millones de dólares. Nueva York, con 64 multimillonarios, sigue siendo la ciudad con mayor número de personas ricas de Estados Unidos.

Detrás de Lawrence Ellison, siguieron los cuatro miembros de la familia **Walton, Jim, John, Rob y Helen,** herederos del imperio Wal-Mart, con fortunas que van de los 23 mil 400 millones a los 26 mil 200 millones de dólares.

En el octavo lugar se ubica el alcalde de Nueva York, **Michael Bloomberg**, con 20 mil millones. En el ranking de este año, figuran 42 mujeres cuya riqueza promedio llega a cuatro mil 300 millones de dólares.

Encontrándose entre los jugadores de las ligas mayores, el magnate mexicano **Carlos Slim Helú,** dueño de la empresa más grande de telecomunicaciones en América Latina, con una fortuna de más de 50 mil millones de dólares, siendo ahora el que ocupa el primer lugar.

Emprendedor, si haces caso a lo aquí leído, estoy seguro que tendrás éxito, te lo desea de todo corazón.

El Autor

FIN

DERECHOS DE AUTOR
NÚMERO DE REGISTRO 03-2009-062912051700-01
PROHIBIDA SU REPRODUCCIÓN TOTAL O PARCIAL

www.ingramcontent.com/pod-product-compliance
Lightning Source LLC
Chambersburg PA
CBHW030909180526
45163CB00004B/1767